O PESSIMISMO
E SUAS VONTADES
Schopenhauer e Nietzsche

José Thomaz Brum

O PESSIMISMO
E SUAS VONTADES
Schopenhauer e Nietzsche

Copyright © 1998 by José Thomaz Brum

Direitos desta edição reservados à
EDITORA ROCCO LTDA.
Avenida Presidente Wilson, 231 – 8º andar
20030-021 – Rio de Janeiro – RJ
Tel.: (21) 3525-2000 – Fax: (21) 3525-2001
rocco@rocco.com.br
www.rocco.com.br

Printed in Brazil/Impresso no Brasil

preparação de originais
ANDRÉA DORÉ

CIP-Brasil. Catalogação-na-fonte.
Sindicato Nacional dos Editores de Livros, RJ.

B918p	Brum, José Thomaz O pessimismo e suas vontades: Shopenhauer e Nietzsche / José Thomaz Brum. – Rio de Janeiro: Rocco, 1998 Tradução para o portugues de tese de doutorado em Filosofia, defendida na Universidade de Nice – Sophia Antipolis – em 1996 Inclui bibliografia ISBN 85-325-0933-9 1. Schopenhauer, Arthur, 1788-1860. 2. Nietzsche, Friedrich Wilhelm, 1844-1900. 3. Pessimismo. I. Título.	
98-1466		CDD-149.6 CDU-141.22

À memória de Emil Cioran,
Simone Boué e Cesar Ribeiro

A meu mestre e amigo Clément Rosset

"O que fazemos aqui, nós, que vamos desaparecer?"

Senancour

SUMÁRIO

Prefácio de Clément Rosset 11
Apresentação 13
Lista de abreviaturas 15
Introdução 17

CAPÍTULO PRIMEIRO
A imagem do homem segundo Schopenhauer

I. A fortaleza da vontade 21
II. A idéia do homem 24
III. A luta sem trégua 25
IV. Razão e ilusão 27
V. A música das espécies 27
VI. Inocência e dissimulação 29
VII. A vontade repetitiva 30
VIII. O absurdo de ser homem 31
IX. O indivíduo e o presente 34
X. Caráter empírico e caráter inteligível 35
XI. Desejo e sofrimento 37
XII. A doença do tempo 37
XIII. Uma mercadoria ruim: a vida 40
XIV. O amor enganador 42
XV. O egoísmo, fonte da injustiça 43
XVI. O Estado-focinheira 44
XVII. O diabólico no homem 45
XVIII. Justiça temporal e justiça eterna 46
XIX. O mistério da unidade dos seres 47
XX. Eudemonismo e pessimismo 49
XXI. A moral do "como-se" 50

CAPÍTULO SEGUNDO
A imagem do homem segundo Nietzsche

I. Schopenhauer educador	55
II. O animal inteligente e seu astro	58
III. O homem-animal	61
IV. Vontade de viver e vontade de potência	63
V. Nietzsche contra Schopenhauer	68
VI. O homem dionisíaco	73
VII. Visão pessimista e visão trágica	76
VIII. Alegria e tristeza na filosofia	77
IX. O homem nobre	80

CAPÍTULO TERCEIRO
A visão da arte segundo Schopenhauer e segundo Nietzsche

I. Arte e ascese em Schopenhauer	85
1. A contemplação estética	85
2. A arte consoladora	87
3. Poesia e tragédia	89
4. Um exercício de metafísica inconsciente	92
5. O homem de gênio	95
6. A arte como calmante	97
II. Arte e jubilação em Nietzsche	98
1. Beleza e feiúra	99
2. Arte e sofrimento	101
3. Estéticas em conflito	104
4. A imagem do artista	107
5. Clássico contra romântico	108
6. Música e plenitude	110
Conclusão	113
Bibliografia	119

PREFÁCIO

Este pequeno livro de reflexões sobre Schopenhauer e Nietzsche, escrito primeiro diretamente em francês pelo jovem José Thomaz Brum (que conhece tão bem os filósofos alemães quanto a língua francesa), vem preencher um relativo vazio na edição brasileira que até hoje, me asseguraram, consagrou poucos estudos ao grande filósofo alemão que foi Schopenhauer. Pode parecer estranho que um país que deu nascimento àquele que foi talvez o romancista mais pessimista de todos os tempos, Machado de Assis, não se interesse muito por aquele que foi certamente o maior teórico do pessimismo na história da Filosofia. Aliás, é provável que o grande leitor que foi Machado de Assis tenha tido conhecimento das idéias de Schopenhauer e que, aqui e ali, tenha delas tirado partido. De qualquer maneira, o parentesco entre os pontos de vista do pensador e do escritor é evidente, e o que escreve André Maurois em seu prefácio à tradução francesa das *Memórias póstumas de Brás Cubas* convém igualmente a um e a outro: "seus primeiros versos são de amor desencantado, seus primeiros ensaios de um filósofo deliberadamente pessimista. O caráter absurdo do mundo, o esmagamento do homem por forças imensas e indiferentes, a ausência de todo finalismo no universo lhe parecem evidentes".

Sem dúvida, o livro de José Thomaz Brum constitui apenas uma breve e primeira abordagem. Mas por sua clareza, sua justeza e sua precisão, corresponde perfeitamente à tarefa que se atribuiu: informar o leitor não instruído e dar-lhe vontade de saber mais sobre o assunto. Aliás, se o livro é curto, a informação que ele revela é ampla. Seu autor não se limitou a ler as obras clássicas de referência sobre o seu tema, mas foi buscar além, principalmente nos estudos anglo-saxões e franceses. E as partes que consagra a Nietzsche vêm esclarecer com sucesso, por um efeito de contraste, os temas próprios e exclusivos da filosofia schopenhaueriana, cujos ecos são reconhecidos, sensíveis ainda hoje, no pensamento e na literatura modernos.

CLÉMENT ROSSET
Nice, 4 de novembro de 1996

APRESENTAÇÃO

Este livro é a tradução para o português de minha tese de doutorado em Filosofia, defendida na Universidade de Nice – Sophia Antipolis – com financiamento do CNPq – em 19 de outubro de 1996, diante de uma banca formada pelos professores Clément Rosset (orientador), Jean-Pierre Cometti e Maurice Elie.

Agradeço, de todo o coração, às seguintes pessoas que muito contribuíram para que este trabalho chegasse a um bom termo: Maria Bakk, Alzbeta Vlasak, Viktor Vlasak, Mary Dreux, Adalia Almeida Brum e Marina Brum Duarte.

JOSÉ THOMAZ BRUM
Rio de Janeiro, novembro de 1997

LISTA DE ABREVIATURAS

1) OBRAS DE SCHOPENHAUER
- **QR** – Sobre a quádrupla raiz do princípio de razão suficiente
- **MVR** – O mundo como vontade e representação
- **FM** – Sobre o fundamento da moral
- **P** – Parerga und Paralipomena

2) OBRAS DE NIETZSCHE
- **NT** – O nascimento da tragédia
- **VM** – Sobre verdade e mentira no sentido extramoral
- **FT** – A filosofia na época trágica dos gregos
- **CE** – Considerações extemporâneas
- **HHI** – Humano demasiado humano (vol. 1)
- **OS** – Humano demasiado humano (vol. 2): Miscelânea de opiniões e sentenças
- **AS** – Humano demasiado humano (vol. 2): O andarilho e sua sombra
- **A** – Aurora
- **GC** – A gaia ciência
- **ZA** – Assim falou Zaratustra
- **BM** – Além do Bem e do Mal
- **GM** – Genealogia da Moral
- **CW** – O caso Wagner
- **CI** – Crepúsculo dos ídolos
- **NW** – Nietzsche contra Wagner
- **AC** – O Anticristo
- **EH** – Ecce Homo

INTRODUÇÃO

As filosofias de Schopenhauer e de Nietzsche têm muitos pontos comuns apesar de uma oposição de fundo que vários comentadores já observaram. Inicialmente discípulo de Schopenhauer, Nietzsche desenvolveu uma doutrina que será mais tarde definida como sendo "a conclusão oposta"[1] do pessimismo schopenhaueriano.

Essa inversão do pessimismo de Schopenhauer – a afirmação da vontade de potência – não deve nos fazer esquecer as convergências entre os dois filósofos. Em suas doutrinas

> "a vontade constitui não apenas o homem mas também a realidade em geral (quer dizer: o ser). A atitude naturalista lhes faz conceber, de imediato, a essência da vontade fora de toda perspectiva espiritualista..."[2]

Se eles tiraram de um **pessimismo voluntarista** "conclusões opostas", consideraram o homem e a existência sem nenhuma ilusão. Pode-se encontrar em Schopenhauer uma sabedoria que oferece "uma possibilidade de viver em um mundo desprovido de sentido, como conseguira fazê-lo outrora o epicurismo"[3]. Por outro lado podemos encontrar em Nietzsche uma atitude exaltante, um saber trágico que visa reconciliar o homem com a existência.

---

[1] ROOS, Richard, In: **MVR**, Tr. Fr., introdução, p. XVII. O texto diz: "Finalmente se tirará do pessimismo voluntarista a conclusão oposta, e Nietzsche chegará à afirmação da vontade de potência."

[2] VAN DE WIELE, Jozef. *Schopenhauer et le volontarisme. Aux sources de Nietzsche*, In: **Revue philosophique de Louvain**, T. 74, p. 396.

[3] Cf. ROOS, Richard. op. cit., p. XVIII.

Os dois pensadores, por mais diferentes que possam parecer, são realmente grandes escrutadores da existência, do fundo sombrio e doloroso da vida.

Nosso trabalho pretende expor a concepção do homem em Schopenhauer e em Nietzsche por meio de sua visão **pessimista** (Schopenhauer) e **trágica** (Nietzsche). Compreendemos a expressão "concepção do homem" como sendo a visão do homem em geral, mas também como **a existência** no homem, isto é, sua dimensão ontológica.

Escolhendo Schopenhauer como um verdadeiro pano de fundo para a exposição do pensamento de Nietzsche, adotamos a filiação mais estudada pelos comentadores[4], mas também seguimos talvez uma opinião menos especializada mas não menos profunda, a de Jorge Luis Borges que disse: "... Schopenhauer que acaso descifró el universo"[5].

---

[4] Cf., por exemplo, Jozef Van de Wiele que diz: "... um conhecimento sério de Schopenhauer é exigido para a compreensão legítima de Nietzsche, já que Schopenhauer é incontestavelmente a fonte principal deste último". (VAN DE WIELE, op. cit., p. 396.)
Mais recentemente Éric Blondel sublinhou a importância da influência schopenhaueriana sobre Nietzsche. Cf. BLONDEL, Éric. **Nietzsche, le Corps et la culture**. pp. 80-81.

[5] Cf. BORGES, Jorge Luis. "Otro poema de los dones". In: **Antologia poética 1923-1977**. p. 78.

CAPÍTULO PRIMEIRO

A IMAGEM DO HOMEM SEGUNDO SCHOPENHAUER

I. A FORTALEZA DA VONTADE

A concepção do homem na filosofia de Schopenhauer está inteiramente ligada a sua doutrina da Vontade. O homem existe apenas, aos olhos de Schopenhauer, na medida em que é um **fenômeno** da Vontade, uma objetivação da coisa-em-si do mundo, isto é, da Vontade. Sabemos que, fiel ao modelo transcendental kantiano[1], Schopenhauer considerou o mundo sob dois aspectos: o fenômeno e a coisa-em-si. O aspecto fenomênico do mundo é aquele que é representado, restrito ao âmbito da representação, forma de apreensão que obedece ao princípio de razão suficiente[2], que atribui sempre uma causa ao que acontece. Visão do mundo enquanto submetido à causalidade geral, o mundo enquanto fenômeno segue as regras do intelecto humano: é o mundo como

---

[1] Schopenhauer reteve de Kant apenas a "Estética transcendental" da **Crítica da razão pura**, com a distinção essencial entre "fenômeno" e "coisa-em-si". Esta distinção, fundamental para a filosofia transcendental kantiana, constitui a base da doutrina schopenhaueriana. (Cf. ROSSET, Clément. **Schopenhauer**, p. 19).

[2] Segundo Kant, nós percebemos o mundo por meio das categorias. Schopenhauer faz, entretanto, uma redução no número de categorias proposto por Kant (12 categorias – Cf. **Crítica da razão pura**, seção "Analítica transcendental"). Ele restringe todo o conjunto kantiano das categorias apenas à noção de causalidade. Em sua tese defendida em 1813, "Sobre a quádrupla raiz do princípio de razão suficiente", Schopenhauer escreve: "o princípio de razão suficiente aparece como lei de causalidade e, enquanto tal, o denomino princípio de razão suficiente do devir, *principium rationis sufficientis fiendi*. Todos os objetos que se apresentam na representação total, constituindo o conjunto da realidade empírica, estão, no que concerne ao começo e ao termo de seus estados, portanto na direção do curso do tempo, ligados uns aos outros por esse princípio". (**QR**, tr. fr., op. cit., p. 44. – (**SW**, III, p. 48.)

objeto para o sujeito cognoscente humano. Um sujeito que conhece conceitualmente representações submetidas ao princípio de causalidade.

O mundo como representação para o intelecto é estudado por Schopenhauer no primeiro livro de sua obra principal, **O mundo como vontade e representação** *(Die Welt Als Wille und Vorstellung)*, de 1819. Poderíamos dizer que, nesse "primeiro ponto de vista", Schopenhauer concebe apenas a experiência de um mundo **enquanto objeto**. Objeto da experiência sensível ou objeto da ciência, mas **mundo-objeto**, uma pura representação da realidade presa no âmbito do princípio de razão suficiente. Uma visão do homem ou uma teoria do homem está ausente dessa perspectiva. Pode-se dizer que, no primeiro livro do **Mundo**, é o aspecto utilitário, pragmático do mundo que Schopenhauer estuda. Um mundo objeto de estudo para a ciência, um mundo regrado, ordenado para ser considerado cientificamente.

Mas, seguindo o esquema kantiano, o mundo tem um outro aspecto: não é apenas um objeto para o sujeito que o representa. É também um **em-si**, uma **essência** que não corresponde à dimensão da representação. Esse aspecto **essencial** do mundo, o mundo enquanto coisa-em-si (considerado inabordável e incognoscível por Kant), foi concebido por Schopenhauer como o **segredo** fundamental de sua filosofia.

"O mundo não é algo diferente da representação, algo além?" pergunta ele no fim do §17 do **Mundo**. Essa questão espera uma resposta positiva da parte do filósofo. Schopenhauer não quer se limitar a permanecer no espelho da representação, ele quer atingir a essência, o **enigma** do mundo. Mas, se o mundo enquanto fenômeno é regido pela causalidade, o mundo enquanto coisa-em-si deve estar **fora da causalidade**.

É no livro II do **Mundo**, que se intitula **o mundo considerado como vontade**, que Schopenhauer chega ao que chama "a fortaleza, contra a qual fracassaram todos os ataques vindos do exterior"[3]. A "fortaleza" é a coisa-em-si, o mundo enquanto

---

[3] MVR. tr. fr., p. 890. – (SW. II. p. 253).

existe fora da representação. Essa existência enigmática, subterrânea do mundo deve ser descoberta por uma "via subterrânea", por "uma espécie de traição". Essa "via subterrânea" Schopenhauer a denomina **o corpo**.

A partir desse momento, a filosofia de Schopenhauer adquire o movimento que lhe é característico: se o mundo enquanto fenômeno é **representação**, o mundo enquanto coisa-em-si será **Vontade**. O movimento schopenhaueriano obedecerá ao esquema analógico: a Vontade, essência do Mundo, será atingida por meio de uma analogia com o ser humano. O homem, submetido como tudo o que vive ao império da Vontade, é o lugar em que a vontade se objetiva e se revela. O homem descobre, em seu corpo, a imagem de uma vontade cega que compartilha com os outros seres vivos. Essa força obscura vital é o aspecto do mundo que não pode ser reduzido à representação, é o mundo enquanto coisa-em-si, o mundo enquanto vontade.

Vemos que a primeira aparição da imagem do homem na filosofia de Schopenhauer é fundamental para a sua doutrina. É na experiência da vontade vivida no corpo humano que o filósofo descobre a essência geral da vida inteira. Devemos evitar ver aí um antropomorfismo. Ao contrário, o corpo humano é, em Schopenhauer, o lugar em que o homem faz a experiência de uma força que lhe é estranha, de uma força que o domina e a qual ele obedece maquinalmente.

O livro II do **Mundo** põe em cena o mundo quando não é representado. O mundo, enquanto não é fenômeno para um sujeito cognoscente, é uma **força cega e dinâmica**. Schopenhauer chega ao caráter **alógico** ou **irracional** do mundo a partir de uma interpretação do transcendentalismo kantiano. Se o mundo enquanto representação segue o princípio de razão suficiente (que afirma que tudo o que acontece deve ter uma causa, uma razão de ser), o mundo independente da representação não pode ser regrado pelas formas da razão-causalidade. Esse mundo **em-si** – o mundo enquanto vontade – será então "sem razão", *grundlos*, impossível de ser explicado pela série de causas.

O mundo "sem razão", *grundlos*, é portanto a essência, a coisa-em-si, a **verdade** do mundo. A verdade oculta pelas formas da representação.

Após ter dito que o homem descobre – em seu corpo – essa verdade independente da representação (o mundo **vivido** e não apenas representado), Schopenhauer a aplica aos diversos reinos da vida. E, no livro II do **Mundo**, assistimos ao espetáculo – ao mesmo tempo harmonioso e terrível – da vida das espécies. A vontade, essência do mundo, se objetiva primeiramente no corpo humano (onde se mostra como força "sem razão", sem "explicação causal"). Depois, Schopenhauer mostrará como essa força obscura revelada **no corpo e através do corpo** pertence ao grande conjunto hierárquico da vida: a escala das formas vivas revela, segundo ele, "os graus da vontade", o caminho percorrido pela Vontade em direção a uma forma superior: **a forma humana**.

Schopenhauer afirma que a vontade, essência do mundo, está presente desde a matéria bruta até a matéria viva. Ela – força dinâmica e vital – está presente na pedra que cai, na planta que vegeta e no animal que possui um conhecimento inteiramente submetido à **vontade de viver**.

II. A IDÉIA DO HOMEM

Devemos nos deter e observar que, segundo Schopenhauer, **vontade** e **vontade de viver** são termos sinônimos. Ele chama **vontade** essa força obscura que faz um esforço igualmente obscuro na matéria inorgânica, um movimento **funcional** no mundo vegetal e uma ação **motivada** no animal.

Sente-se, na descrição schopenhaueriana, uma intenção de ordenar os graus da Vontade segundo um esquema hierárquico. As **Idéias** (tipos primordiais por meio dos quais a Vontade se objetiva) seguem uma ascensão cujo ponto mais alto é a **idéia do homem**.

Schopenhauer diz que a vida segue uma espécie de movimento em direção à individualidade perfeita. No §26 do **Mundo** podemos ler: "é nos graus extremos da objetidade (*objektität*) da vontade que vemos a individualidade se produzir de uma maneira significativa, especialmente no homem..."[4] A escala dos seres vivos segue um movimento em direção ao **indivíduo**. E é apenas o homem que é **indivíduo**. No reino inorgânico da natureza "toda individualidade desaparece"[5]; são os murmúrios anônimos da vida da pedra e do cristal.

Schopenhauer situa o animal como o ser vivo mais próximo da individualidade. Ele afirma que "eles [os animais] possuem apenas um ligeiro vestígio de individualidade"[6] e diz que o que neles domina de forma absoluta "é o caráter de raça"[7]. Devemos observar, então, que a vontade obscura que habita todo ser existente se objetiva seguindo uma regra geral: a vida se eleva em direção à maior individualidade, isto é, ao homem.

Afirmando que o indivíduo não pode ser encontrado na matéria inorgânica, Schopenhauer deseja privilegiar o momento humano na vida da Vontade. O ser da pedra, assim como o ser do homem, é inexplicável. Ambos são "sem razão", *grundlos*. Mas a forma objetivada da Vontade, chamada forma humana, é individual e a forma mineral não o é. O mundo visível, diz Schopenhauer, é constituído pelos "graus de objetivação da vontade una e indivisível"[8]. A vontade é, em si, una e a mesma. Suas formas visíveis, suas "objetivações", são múltiplas e diferentes.

III. A LUTA SEM TRÉGUA

Schopenhauer concebe o mundo da natureza como um mundo de **guerra perpétua** pela existência. "Por toda parte na natureza vemos luta, combate e alternativa de vitória."[9] Ele se refere ao

---

[4] **MVR**. tr. fr., p. 176. – (SW, I, p. 197).
[5] **MVR**. tr. fr., p. 177. – (SW, I, p. 198).
[6] **MVR**. tr. fr., p. 176. – (SW, I, p. 197).
[7] Idem, ibidem.
[8] **MVR**. tr. fr., p. 184. – (SW, II, p. 206).
[9] **MVR**. tr. fr., p. 195. – (SW, II, p. 218).

ciclo vital que constitui um combate incessante entre as espécies: "no mundo animal, essa luta explode do modo mais significativo; ele se alimenta das plantas e lá cada indivíduo serve de alimento e de presa a um outro"[10].

Essa imagem de uma natureza que se devora a si mesma por meio de suas figuras fenomênicas diferentes serve de mola para Schopenhauer desenvolver uma concepção geral do caráter da própria vontade. Ele diz que, ao olhar essa luta perpétua, compreendemos "a vontade que se divorcia dela mesma"[11]. Essa imagem do combate, da guerra perpétua que sustenta a vida, é fundamental em sua **visão pessimista da existência**.

Schopenhauer vê o destino de cada ser vivo ("uma criatura viva só pode conservar sua vida à custa de uma outra"[12]) como a grande prova do caráter angustiante da Vontade. Projetando uma conclusão moral no mundo da vida das espécies, vê essa "guerra de todos contra todos" como um mal radical e a demonstração do caráter culpado e nocivo da vida.

Veremos, depois, como ele considera o mundo humano (social e moral) a continuação desse conflito presente na vida das espécies. O *bellum omnium contra omnes* da vida das espécies prepara o hobbesiano *homo homini lupus*[13]. O homem é natureza, poderia dizer Schopenhauer, isto é, conflito, violência, **a vontade que se divorcia dela mesma**.

Schopenhauer chega a sua conclusão: o caráter da Vontade, o em-si do mundo, é essa "luta geral". O que ele mais teme é que essa luta seja, talvez, uma luta vã. Schopenhauer constata o caráter *grundlos* ("sem razão") e selvagem da vontade, mas não se acomoda a isso. Ele gostaria realmente que esse caráter não existisse; e por isso se inquieta com a perspectiva do nada, da "ausência de finalidade" de tudo o que existe.

---

[10] Idem, ibidem.

[11] Idem, ibidem.

[12] Idem, ibidem.

[13] MVR, tr. fr., p. 195. – (SW, II, p. 219).

IV. RAZÃO E ILUSÃO

O homem, diz Schopenhauer, "criatura complicada, múltipla de aspecto, plástica, eminentemente cheia de necessidades e exposta a inúmeras lesões"[14], possui uma força a mais do que o animal: "a razão, a capacidade de criar conceitos"[15]. Com isso, com essa "μηχανη´ indispensável à conservação do indivíduo e à propagação da espécie"[16], ele se mantém em sua posição superior em comparação com os outros seres vivos.

Essa superioridade, diz Schopenhauer, é também – para ele – a capacidade de se entregar à "hesitação e à incerteza"[17]. Sem a segurança infalível do **instinto** (que, no mundo animal, conserva a regularidade e a adequação com a vontade), o homem é doravante passível de "erro". Pode imaginar, inventar "motivos imaginários" capazes de extraviá-lo em um mundo distante de suas necessidades reais. É a origem da **superstição**, filha dos motivos imaginários produzidos pela razão humana[18].

V. A MÚSICA DAS ESPÉCIES

No §28 do livro II do **Mundo** encontra-se uma definição lapidar do homem segundo Schopenhauer ou, pelo menos, um perfil importante para situá-lo no espaço da vida das espécies:

---

[14] **MVR**, tr. fr., p. 200. – (SW, II, p. 224).

[15] Idem, ibidem.

[16] **MVR**, tr. fr., p. 199. – (SW, I, p. 223).

[17] **MVR**, tr. fr., p. 201. – (SW, I, p. 225). Com sua verve habitual e seu estilo ornado, Cioran parece comentar – com ironia – esse momento do pensamento schopenhaueriano: "A planta padece ligeiramente; o animal faz um esforço para se desequilibrar; no homem se exaspera a anomalia de tudo o que respira" (**Silogismos da amargura**. Tr. br. José Thomaz Brum, p. 23).

[18] No §58 do **Mundo**, Schopenhauer retorna ao tema da superstição: "O espírito do homem, não tendo ainda suficientes problemas, desgostos e ocupações que lhe fornece o mundo real, cria ainda de mil superstições diversas um mundo imaginário, arranja-se para que esse mundo lhe dê cem males e absorva todas as suas forças, ao menor descanso que lhe permita a realidade" (**MVR**, tr. fr., Livro IV, § 58, p. 407. – (SW, I, p. 442).

"A idéia do homem tinha necessidade, para se manifestar em todo seu valor, de não exprimir-se sozinha e desligada; mas devia ser acompanhada da série descendente dos graus por meio de todas as formas animais passando pelo reino vegetal para ir até a matéria inorgânica... pode-se dizer que seu fenômeno acompanha o do homem de uma forma tão necessária quanto a plena luz é acompanhada das gradações de todos os tipos de penumbra através das quais ela passa para perder-se na obscuridade. Pode-se ainda chamá-los o eco do homem e dizer: o animal e a planta são a quinta e a terça menores do homem; o reino inorgânico é sua oitava inferior"[19].

Essa descrição, rica de conteúdo estético, nos mostra um Schopenhauer apaixonado pela **metáfora da música**. Como diz muito bem Alexis Philonenko: "O conjunto dos seres através de seu combate forma uma totalidade que a imagem da árvore poderia exprimir, mas que a música nos apresenta mais intimamente"[20]. Essa visão da hierarquia dos seres vivos como uma totalidade harmoniosa recobre, com a imagem estética, o horror da vontade *grundlos*. Os seres inferiores são o ***Nachhall***, "o eco do homem". Tudo se passa como se toda a violência da luta pela vida – do ponto de vista estético – se tornasse uma **harmonia** que "acompanha" o homem; como diz Schopenhauer, reforçando a imagem musical, "a melodia" representa "o encadeamento que a reflexão introduz na vida e nas paixões do homem" e os "acompanhamentos não encadeados como o baixo que caminha pesadamente" representam "o resto da natureza animal e inconsciente"[21].

Esse **privilégio do homem** sobre os outros seres vivos mostra o quanto Schopenhauer considera o homem como o produto mais acabado da Vontade. Mas, excetuando esse momento em que a arte fez uma aparição súbita, a visão da vontade

---

[19] **MVR**, tr. fr., pp. 202-203. – (SW. I, pp. 226-227).
[20] Cf. PHILONENKO. Alexis. **Schopenhauer – une philosophie de la tragédie**. p 108.
[21] **MVR**, tr. fr., p. 203. – (SW. I. p. 227).

permanece a mesma: "fora dela, não há nada, e ela é uma vontade esfomeada"[22]. Schopenhauer julga que a luta pela vida, presente nos graus de objetivação da vontade, demonstra o caráter "sofredor" da Vontade em si.

VI. INOCÊNCIA E DISSIMULAÇÃO

Vemos que Schopenhauer considera o advento da razão como o momento em que "a ingenuidade" dos seres inferiores desapareceu. Com a razão, o homem aprende a dissimular, a fingir. Entre ele e sua "vontade de viver" interpõem-se motivos, **astúcias** da razão. O caminho que parte do mineral ao homem pode ser um caminho "harmonioso", "musical" – do ponto de vista de uma estética das formas hierárquicas vitais – mas é, principalmente, um caminho que leva à perda da ingenuidade e à **dissimulação**: "o animal é tão superior em ingenuidade ao homem quanto a planta o é ao animal"[23].

Schopenhauer considera o advento da razão como indissociável do advento da dissimulação e da ilusão. Pode-se dizer que, nesse momento, se percebe traços de **"perversidade"** na razão – segundo a visão de Schopenhauer. O mundo mineral com sua imobilidade anônima e o mundo vegetal com sua "ingenuidade" manifestam a vontade de um modo claro e "sem pudor". "A inocência das plantas"[24] seduz Schopenhauer ao mesmo tempo em que ele observa que, no cume da pirâmide da vontade, o homem alia a complexidade intelectual à capacidade de dissimulação.

O mundo quando existe fora de minha representação – a Vontade – é, em si, "um esforço sem fim"[25]. Esse esforço se

---

[22] Idem, ibidem.
[23] **MVR**, tr. fr., p. 206. – (SW, I. p. 230).
[24] **MVR**, tr. fr., p. 206. – (SW, I. p. 230).
[25] **MVR**, tr. fr., p. 215. – (SW, I. p. 240).

manifesta na "guerra de morte"[26] que travam os indivíduos de todas as espécies. Schopenhauer diz: é "a luta íntima da vontade"[27]. A essência do mundo, que parecia um pacífico objeto destinado a ser conhecido pelo homem, é – fora da representação – um **combate perpétuo**.

VII. A VONTADE REPETITIVA

Essa imagem da essência da vontade como sendo a luta, o combate, o esforço angustiante pela vida está muito bem exposta no capítulo XXVIII dos Suplementos ao livro II do **Mundo,** intitulado *Caráter do querer-viver*.

Nesse texto, Schopenhauer mostra como a natureza segue sempre seu objetivo principal: a conservação de todas as espécies. O indivíduo não tem nenhum interesse para a natureza que se ocupa apenas de suas "idéias platônicas", de suas "formas permanentes". A natureza é uma "agitação sem trégua", um "impulso fogoso em direção à existência"[28]. O homem segue a mesma inclinação que os animais: ele quer "prolongar e conservar sua vida o máximo possível"[29]. Enquanto indivíduo, ele não vê o caráter monótono e opressivo da vida das espécies – modelo exemplar da vida da Vontade em geral.

Schopenhauer cita o exemplo impressionante da toupeira, "essa operária infatigável"[30] que, "em uma noite constante" cava sem parar. Esse caráter do **trabalho absurdo** representado pelo exemplo da toupeira é um modelo tirado do mundo animal para ilustrar **a vida absurda da vontade** (presente também na vida do homem que é, ele também, vontade). Schopenhauer, nesse texto, toma o exemplo da monotonia laboriosa da vida animal para

---

[26] **MVR**, tr. fr., p. 212. – (SW, I, p. 237).

[27] Idem, ibidem.

[28] **MVR**, tr. fr., p. 1078. – (SW, II, p. 445).

[29] **MVR**, tr. fr., p. 1079. – (SW, II, p. 456).

[30] **MVR**, tr. fr., p. 1080. – (SW, II, p. 457).

mostrar que é esta a vida da vontade em geral: um mundo absurdo que não é regido nem por ordem nem por finalidade[31].

A partir dessa imagem do caráter maquinal da vontade de viver, Schopenhauer concebe sua posição pessimista face à existência em geral: a condição do mundo é insatisfação e miséria. Aos animais é dado apenas "um instante de bem-estar, um gozo passageiro"[32] no "combate incessante" que constitui sua vida. A imagem de uma vida humana em que "o lucro está longe de cobrir os gastos"[33] é moldada por essa imagem geral da vontade de viver. Veremos depois como a monotonia presente no trabalho repetitivo da vontade reaparecerá, no mundo humano, sob a forma do tédio ou do desejo nascido de uma necessidade, de uma falta qualquer.

Schopenhauer considera o homem, de um ponto de vista inteiramente naturalista, como um animal um pouco mais complexo (intelectualmente) que os outros, mas que sofre tanto quanto os outros desse "impulso cego" que é a vontade.

VIII. O ABSURDO DE SER HOMEM

A imagem mais surpreendente do texto **Caráter do querer-viver** é a metáfora das marionetes: a espécie humana obedece – como os outros animais – a um "mecanismo interior". Os homens são "marionetes puxadas não por fios exteriores [...] mas movidas por um mecanismo interior"[34]. Essa imagem mecânica, de um boneco controlado **de dentro**, mostra muito claramente o resultado do percurso schopenhaueriano: quando Schopenhauer quis descobrir qual seria "o outro lado" do mundo enquanto representação, não atingiu – chegando à coisa-em-si – uma

---

[31] Cf. ROSSET, Clément. **Schopenhauer – philosophe de L'absurde**. Capítulo 1.1 e capítulo 2 ("La Vision Absurde").
[32] **MVR**, tr. fr., p. 1081. – (SW, II, p. 458).
[33] **MVR**, tr. fr., p. 1080. – (SW, II, p. 457).
[34] **MVR**, tr. fr., p. 1084. – (SW, II, p. 463).

realidade superindividual, mas uma realidade "subindividual"[35]: a vontade, força obscura e cega que o homem compartilha com todos os outros seres da natureza.

Veremos, em seguida, como essa vontade se relaciona com o intelecto humano, qual é seu papel na idéia de uma suposta "liberdade humana" e como a partir dessa imagem do homem como objetivação maior da vontade chegamos à compreensão moral do homem. Essa visão moral está na origem do famoso pessimismo schopenhaueriano assim como das "tentativas de liberação" que ele concebeu para escapar à opressão da Vontade descrita no livro II do **Mundo**.

Concordamos com Julian Young quando diz que "considerado como um drama (como o é, entre outras coisas, **O mundo como vontade e representação**), o fim do segundo livro representa o ponto de catástrofe, o ponto no qual a vida e o mundo aparecem como irremediavelmente horríveis e absurdos". Ele afirma que, segundo Schopenhauer, "a vida humana reproduz, no microcosmo, a luta e o absurdo que caracterizam o macrocosmo"[36].

Essa observação nos faz pensar que a visão pessimista do homem em Schopenhauer começa aqui, na descrição **do Mundo como vontade** (Livro II do **Mundo**). É revelando o caráter absurdo, *grundlos*, da vontade de viver que Schopenhauer – por analogia – já situa o homem em uma vida absurda: a vida da Vontade.

O caráter grave desse assunto – a dimensão absurda e sem razão do mundo e da existência – inscreve Schopenhauer em um pessimismo que, ao contrário do mundo "perfeito" e ordenado do "panteísmo" e do "spinozismo", "necessita de redenção"[37]. Veremos que essa busca de **redenção** constitui o tema principal dos livros III e IV do **Mundo**, onde Schopenhauer tenta encontrar "remédios" para o mal que descreveu minuciosamente como sendo a essência do mundo: a Vontade.

---

[35] SAFRANSKI, Rüdiger. **Schopenhauer et les années folles de la philosophie**, p. 274.
[36] YOUNG, Julian. *Willing and Unwilling: a study in the philosophy of Arthur Schopenhauer*, p. 81.
[37] **MVR**. tr. fr., p. 1803. – (SW. II. p. 461).

O livro II do **Mundo** mostra como a vontade, essência do mundo, nele se objetiva; por meio de que formas ela aparece como coisa visível. Porque o mundo visível é um verdadeiro "espelho" para a vontade. O espaço da representação permite que a vontade, o em-si do mundo, apareça como coisa visível. O mundo, "espelho" da vontade, é uma ocasião para que essa força obscura e cega possa **se ver** e **se conhecer**. Eis por que Schopenhauer escreve, no §54 do livro IV do **Mundo**:

> "O mundo enquanto objeto representado oferece à vontade o espelho em que toma conhecimento dela mesma, em que se vê em uma clareza e com um progresso que vai crescendo em graus, sendo o grau superior ocupado pelo homem"[38].

O homem é, portanto, em Schopenhauer, antes de tudo uma Idéia, uma objetivação da Vontade. Mas é também o momento mais claro e mais perfeito do autoconhecimento da vontade. É no homem que a vontade chega a se conhecer o mais perfeitamente possível. A imagem do homem é, assim, a imagem mais fiel da vontade.

Se se tratava, no livro II do **Mundo**, das diversas formas, mais ou menos obscuras, da objetivação da vontade, no livro IV estamos no **momento do conhecimento** para a vontade. Daí o subtítulo: "chegando a se conhecer a si mesma, a vontade de viver se afirma e depois se nega"[39]. Eis por que o tema do livro IV será o problema da vida humana, ou o homem como momento privilegiado da natureza, porque "o homem é a natureza chegada ao mais alto grau da consciência de si-mesma"[40].

O livro IV do **Mundo**, considerado por seu autor como a parte mais importante de sua obra, expõe um estudo da natureza humana em sua dimensão psicológica e ética. Schopenhauer trata da "prática da vida"[41]. No que se refere a nosso tema – a imagem do homem – o livro IV é fundamental porque apresenta

---

[38] **MVR**, tr. fr., p. 349. – (SW, I, p. 379).

[39] **MVR**, tr. fr., p. 343. – (SW, I, p. 373).

[40] **MVR**, tr. fr., p. 352. – (SW, I, p. 382).

[41] **MVR**, tr. fr., p. 345. – (SW, I, p. 375).

a ética schopenhaueriana em seu conceito principal – **a negação da vontade** – e também por causa das páginas sobre o pessimismo (§56 a §59).

IX. O INDIVÍDUO E O PRESENTE

O §54 apresenta observações importantes a respeito da idéia de **indivíduo**. Lembremos que Schopenhauer escreveu que só o homem é indivíduo. Ele liga, agora, a idéia de indivíduo ao princípio de razão suficiente. Em relação à vontade, que é em-si e sem razão, o indivíduo é um "fenômeno", uma aparição do intelecto sob a forma da **individuação**[42]. Os indivíduos, "fenômenos passageiros", nascem e morrem. Mas a natureza, que se interessa apenas pela conservação da espécie, é "indiferente" a esse processo. No "fluxo perpétuo da matéria"[43] que constitui a vida, o indivíduo é alguma coisa de irreal. Devemos nos dar conta de que Schopenhauer, radicalizando o idealismo transcendental kantiano, concebe o mundo fenomênico como um sonho do intelecto humano.

O presente, diz Schopenhauer, é, assim, "a forma da vida e da realidade"[44]. O passado e o futuro são "o campo das noções e fantasmas". A vida, a realidade, é "essa coisa tão preciosa e tão fugidia": o presente[45].

Schopenhauer concebe uma identidade entre **vontade**, **vida** e **presente** para significar que a vida permanece em uma espécie de eternidade "imóvel". Imagem fixa da realidade, essa visão identifica a vida com o "*nunc stans*" dos escolásticos. Os indivíduos, "sonhos instáveis" – enquanto "manifestações da

---

[42] Cf. SANS, Édouard. **Schopenhauer**, p. 19: "O espaço e o tempo, que constituem dois aspectos essenciais do princípio de razão, são a marca da individuação e do sofrimento [...] O espaço e o tempo constituem, portanto, por excelência, o princípio de individuação (*principium individuationis*)".

[43] **MVR**, tr. fr., p. 352. – (SW. I. p. 382).

[44] **MVR**, tr. fr., p. 354. – (SW. I. p. 384).

[45] **MVR**, tr. fr., p. 355. – (SW. I. p. 385).

Idéia" –, estão submetidos ao devir, mas essa vida individual é uma ilusão fabricada pelo nosso intelecto. A verdadeira vida, diz o filósofo, está além do indivíduo: é "a vida imortal da natureza"[46].

Vê-se que Schopenhauer considera, como pano de fundo da vida humana (individual), a vida universal que é a vida da Vontade. Ele propõe, como fundamento de sua ética, a superação da visão do homem como indivíduo e o desaparecimento do ser individual nessa vida universal anônima.

X. CARÁTER EMPÍRICO E CARÁTER INTELIGÍVEL

A possibilidade da **liberdade** é um problema em Schopenhauer[47]. Ele considera que o mundo fenomênico está inteiramente submetido a uma necessidade absoluta: a natureza está marcada pela necessidade. Só a vontade, ela mesma, é livre.

Dizendo que não há liberdade no mundo dos fenômenos, Schopenhauer lá coloca "o animal racional dotado de um caráter individual"[48] submetido à necessidade. O homem, em sua essência, em seu **caráter inteligível**, é "um ato de vontade, exterior ao tempo, logo indivisível e inalterável"[49]. O **caráter empírico**, a conduta do homem em casos específicos, está submetido ao caráter inteligível. A liberdade empírica, para Schopenhauer, é uma grande ilusão. Os atos particulares do homem não possuem nenhuma liberdade. Na ação, na **escolha**, não é a razão que escolhe, é a vontade que – "inacessível ao intelecto" – nega o livre-arbítrio com sua força irresistível.

---

[46] **MVR**, tr. fr., p. 351. – (SW, I. p. 381).

[47] A refutação schopenhaueriana da liberdade está exposta, sob uma forma detalhada, em seu **Ensaio sobre o livre-arbítrio**, dissertação escrita em 1838 por ocasião de um concurso aberto pela Academia Real da Dinamarca.

[48] **MVR**, tr. fr., p. 367. – (SW, I. p. 398).

[49] **MVR**, tr. fr., p. 368. – (SW, I. p. 399).

A vida do indivíduo que escolhe é uma vida de obediência ao caráter inteligível. O homem repete o seu caráter inteligível em sua conduta empírica. Como "a vontade é a essência primeira, o solo primitivo [...]", a idéia de uma escolha através do conhecimento é impensável para Schopenhauer.

"Para os outros, o homem conhece e depois deseja o que conhece; para mim, ele deseja e depois conhece o que deseja"[50]. Essa situação "de isolamento e de subordinação"[51] do intelecto em relação à vontade faz da conduta humana, de sua vida empírica enquanto caráter, uma repetição de suas tendências originárias, de seu caráter inteligível imutável. O homem, diz Schopenhauer, não pode ser "criado de novo". O caráter inteligível é uma espécie de **fatalidade**, um **destino interior** que nos constitui.

Como é na ação que o caráter se revela, no homem "somente a decisão, e não o simples desejo, é um índice certo de caráter"[52]. O caráter empírico é "um puro desdobramento do caráter inteligível"[53]. De acordo com essa visão que refuta "a liberdade tradicional atribuída à pessoa humana", o homem perde "o poder de orientar a sua vontade em tal ou tal sentido". Como diz muito bem Clément Rosset, nessa perspectiva, "a liberdade não é outra coisa senão a necessidade segundo a qual cada um representa suas próprias tendências"[54].

Veremos que, nesse mundo em que "o homem só é capaz de se decidir após a escolha", a única liberdade possível será a negação da vontade. Em uma vontade que é "um desejo incapaz de uma satisfação última"[55], a única liberdade é a **negação**, a distância da necessidade fenomênica.

---

[50] **MVR**, tr. fr., p. 372. – (SW, I. p. 403).
[51] **MVR**, tr. fr., p. 369. – (SW, I. p. 400).
[52] **MVR**, tr. fr., p. 380. – (SW, I. p. 412).
[53] **MVR**, tr. fr., p. 382. – (SW, I. p. 414).
[54] ROSSET, Clément, **Schopenhauer, philosophe de l'absurde**, pp. 92-93.
[55] **MVR**, tr. fr., p. 390. – (SW, I. p. 424).

XI. DESEJO E SOFRIMENTO

A teoria do desejo como falta é um ponto célebre da doutrina schopenhaueriana. Ligando toda satisfação a um estado anterior de insatisfação ou de necessidade, Schopenhauer coloca o sofrimento no âmago do desejo. O homem só deseja a partir de uma privação, de uma necessidade. O prazer é apenas a satisfação de um desejo que nasce de uma carência. O desejo humano e seu corolário, o prazer, são dominados pela falta.

Schopenhauer concebe o homem como lugar privilegiado do sofrimento, porque, "à medida que a vontade adquire uma forma fenomênica mais acabada, o sofrimento também se torna mais evidente"[56]. Ele pensa que há uma relação entre **consciência** e **sofrimento**[57]. A dor é mais forte em um espírito mais capaz de senti-la, de experimentá-la. O sofrimento, "o fundo de toda vida"[58], é especialmente visível no caso do homem, e mais visível ainda no caso do homem superior ou do **gênio**[59].

XII. A DOENÇA DO TEMPO

O indivíduo humano, "grandeza ínfima no meio do espaço infinito e do tempo infinito"[60] (a imagem da insignificância humana aqui é inteiramente pascaliana[61]), possui uma existência

---

[56] **MVR**, tr. fr., p. 392. – (SW, I. p. 425).

[57] Cf. SANS, Édouard, **Schopenhauer**, p. 19: "A dor da existência só se torna real a partir do momento em que aquele que sofre toma consciência disso, no instante em que a representação entra em jogo, em que intervém o intelecto."

[58] **MVR**, tr. fr., p. 393. – (SW, I. p. 426).

[59] O tema do **gênio** pertence à doutrina estética de Schopenhauer, exposta no livro III do **Mundo** (especificamente no §36). Trataremos desse caso particular da imagem do homem segundo Schopenhauer no capítulo sobre o lugar da arte no pessimismo de Schopenhauer e na filosofia trágica de Nietzsche.

[60] **MVR**, tr. fr., p. 393. – (SW, I. p. 426).

[61] Cf. PASCAL, Blaise. **Pensées**, 72, "Desproporção do homem": "Afinal, que é o homem dentro da natureza? Nada em relação ao infinito [...]." (Cf. tr. br. Sérgio Milliet. **Os Pensadores, Pascal**, p. 52; ed. fr. **Pensées et opuscules**, p. 350).

que é "uma queda perpétua na morte"[62]. A vida do homem, segundo Schopenhauer, é "uma morte perpétua"[63]. O tempo, com seu escoamento, acompanha o ritmo de "sede inextinguível do desejo". Quando o desejo se detém é o tédio. Quando o tédio se detém é novamente o desejo. Schopenhauer considera toda a atividade humana sob a ótica da existência ligada ao desejo. Mesmo as "atividades de nosso espírito" são "um tédio que expulsamos a cada momento"[64]. É de novo Pascal que retorna, com a idéia do **divertimento** (*divertissement*)[65].

É por causa dessa impossibilidade de satisfação, dessa perpétua condenação ao desejo, que Schopenhauer estabeleceu a célebre fórmula: "A vida oscila, portanto, como um pêndulo, da direita para a esquerda, do sofrimento ao tédio"[66]. O movimento da vida está submetido ao movimento do desejo, e o desejo "tem por princípio uma necessidade, uma falta, logo, uma dor"[67]. O homem, segundo Schopenhauer, não tem a chance de repousar no instante. Sua alegria é apenas uma felicidade negativa, a alegria de se recusar à vontade. Enquanto dominado pela vontade, ele conhece apenas o sofrimento ou o tédio.

---

[62] **MVR**, tr. fr., p. 393. – (SW, I, p. 427). Cioran faz eco a esse pensamento schopenhaueriano da "queda perpétua": "A vida é o que se decompõe a todo momento; é uma perda monótona de luz, uma dissolução insípida na noite..." (**Breviário de decomposição**. Tr. br. José Thomaz Brum, p. 60).

[63] **MVR**, tr. fr., p. 394. – (SW, I, p. 427).

[64] Idem, ibidem.

[65] Cf. ROSSET, Clément, **Schopenhauer, philosophe de l'absurde**, p. 104: "O homem do **divertimento** (*divertissement*), tanto em Schopenhauer como em Pascal, prefere uma seriedade irrisória a uma angústia verdadeiramente séria; ele cuida, por conseguinte, para expulsar de sua consciência toda forma inquietante de questionamento." O tema do **divertimento** (*divertissement*) encontra-se, na obra de Pascal, nos **Pensamentos**, 2ª seção, sobretudo no nº 139. Esse texto admirável, que Schopenhauer parece apenas retomar, contém reflexões profundas sobre o tédio, como nesta passagem: "Assim se escoa a vida toda. Procuramos o repouso combatendo alguns obstáculos; e quando estes são superados o repouso torna-se insuportável. Pois ou pensamos nas misérias presentes ou naquelas que nos ameaçam. E mesmo que nos sentíssemos bem protegidos por todos os lados, o tédio, por sua autoridade privada, não deixaria de sair do fundo do coração, onde tem raízes naturais, e de nos encher o espírito com o seu veneno." (Tr. br. Sérgio Milliet. **Os Pensadores, Pascal**, p. 73).

[66] **MVR**, tr. fr., p. 394. – (SW, I, p. 428).

[67] **MVR**, tr. fr., p. 394. – (SW, I, p. 427-428).

Na opinião de Didier Raymond o tédio é "o problema específico da filosofia segundo Schopenhauer"[68]. Clément Rosset observa que a idéia schopenhaueriana do tédio tem uma relação muito estreita com a noção de **repetição**[69]. O tédio é o **mal do tempo**. Schopenhauer diz claramente: "esta existência, uma vez assegurada, não sabemos o que fazer dela, nem em que empregá-la"[70]. O tédio é o **fundo vazio** que surge quando tudo parece satisfeito.

Quando o homem descansa, após a satisfação de um desejo, não encontra a serenidade nem a calma, encontra o tédio, "essa doença do tempo". O tédio revela que o homem não tem escapatória: ou bem tem "o desejo de viver", ou bem "o desejo de se livrar do fardo da existência"[71]. A existência no homem é ou uma obrigação a cumprir ou algo de que deve se desembaraçar.

Schopenhauer mostra como esse "fastio temporal" que é o tédio constitui "o princípio da sociabilidade". Motor da vida social, o tédio é essa força que aproxima "seres que se gostam tão pouco como os homens entre eles"[72]. O que Schopenhauer chama "o lado miserável da humanidade" (representado pelo jogo de cartas) é a compulsão para fugir do tédio. Deve-se "matar o tempo" antes que a morte, "o inevitável e irremediável naufrágio"[73], venha como termo da viagem da vida.

---

[68] RAYMOND, Didier. **Schopenhauer**, coleção "Écrivains de Toujours", p. 116

[69] No §58 do **Mundo**, Schopenhauer faz uma analogia entre o homem e o relógio que põe em cena o tema da repetição ligado ao caráter tedioso e vazio da existência: "Os homens são relógios; uma vez montados funcionam sem saber por quê; a cada geração, a cada nascimento, é o relógio da vida humana que se monta de novo, para retomar o seu pequeno estribilho, já repetido uma infinidade de vezes, frase por frase, medida por medida, com variações insignificantes." (**MVR**, Livro IV, §58, tr. fr., p. 406. – (SW, I, p. 441). Cf. também ROSSET, Clément. **Schopenhauer, Philosophe de L'absurde**, p. 97: "essa doença do tempo (o tédio) [...] se exprime no tema obsessivo da repetição".

[70] **MVR**, tr. fr., p. 396. – (SW, I, p. 429).

[71] Idem, ibidem.

[72] **MVR**, tr. fr., p. 396. – (SW, I, p. 430).

[73] **MVR**, tr. fr., p. 395. – (SW, I, p. 429).

XIII. UMA MERCADORIA RUIM: A VIDA

O grande pensamento existencial de Schopenhauer, o pensamento que fez dele "**um budista contemporâneo na Alemanha**", de que fala Challemel-Lacour em seu artigo famoso[74], é "a verdade que sofrer é a essência mesma da vida"[75]. Fazendo um elogio da resignação face à impossibilidade de um verdadeiro contentamento, Schopenhauer é, antes de tudo, o adversário da felicidade – que considera apenas "negativa", já que é sempre satisfação passageira de um desejo sempre renascente. A única verdadeira felicidade, segundo ele, não se encontra na satisfação de algum desejo, mas na **ausência do querer**, no desaparecimento – momentâneo ou durável – da vontade.

A definição da vida como "um estado de infelicidade radical"[76] situa Schopenhauer como um filósofo pessimista. A vida do indivíduo é "uma série de grandes e pequenas desgraças"[77], assim como a vida em geral, a existência, é considerada um pesadelo. O conselho de Schopenhauer aos otimistas é conhecido: freqüentar "os hospitais, as prisões, as câmaras de tortura, os campos de batalha..." para ver "onde se esconde a miséria"[78].

Schopenhauer faz, no § 59 do **Mundo**, uma autêntica "profissão de fé" pessimista. Ele ironiza o "melhor dos mundos possíveis" leibniziano e faz uma descrição da vida como "uma mercadoria ruim". As metáforas "comerciais, econômicas, financeiras, contábeis" abundam em sua obra, como mostra muito

---

[74] CHALLEMEL-LACOUR, Paul Armand (1827-1896), *agrégé* de filosofia e político francês, encontrou-se com Schopenhauer em 1859. Publicou na **Revue des deux mondes**, em março de 1870, um artigo que se tornou célebre sobre o filósofo: **Um budista contemporâneo na Alemanha** (*Un bouddhiste contemporain en Allemagne*). Sobre Challemel-Lacour, pode-se consultar a obra de René-Pierre Colin, **Schopenhauer en France: un mythe naturaliste**. pp. 84-95.

[75] MVR. tr. fr., p. 402. – (SW, I, p. 436).

[76] MVR. tr. fr., p. 408. – (SW, I, p. 443).

[77] MVR. tr. fr., p. 409. – (SW, I, p. 444).

[78] MVR. tr. fr., p. 410. – (SW, I, p. 445).

bem Marie-José Pernin[79]. O presente da vida é envenenado pela morte e pelo sofrimento. É por causa disso que Schopenhauer considera o otimismo "uma odiosa zombaria diante das inexprimíveis dores da humanidade"[80].

O texto em que Schopenhauer expõe o seu pessimismo do modo mais eloqüente, mais apaixonado, é o capítulo XLVI dos suplementos ao livro IV do **Mundo**, intitulado *Da vaidade e dos sofrimentos da vida*. Retomando a idéia angustiante da repetição eterna dos desejos (o eterno retorno da insatisfação humana), Schopenhauer descreve a felicidade humana como "ilusória" e mostra como o tempo – com sua fugacidade – "reduz a nada" nossos prazeres e nossas alegrias.

Só o desgosto é "o elemento positivo", já que a "viva alegria" é apenas o fim provisório de um estado de falta ou de necessidade. Ele faz a análise do **mal** na vida humana e constata que este "não pode ser apagado, nem mesmo compensado por um bem simultâneo ou posterior"[81]. O mundo em si é "imperfeito e enganador" e, além disso, o homem é um ser cruel para ele mesmo. Com seu "egoísmo infinito", o homem é uma fonte de males para si mesmo.

A existência é descrita, então, como uma "dívida perpétua que só a morte paga inteiramente". O mundo é, assim, ao contrário de Leibniz, "o pior dos mundos possíveis"[82]. Schopenhauer assume "o caráter melancólico e desesperado"[83] de sua filosofia e identifica o mal do mundo à imagem religiosa do **pecado** e do **inferno**.

Essa identificação feita por Schopenhauer é importante porque, no final do livro IV do **Mundo**, ele proporá uma moral da renúncia ao mundo, uma prática ascética de vida como fórmula para sair do eterno retorno do sofrimento e do desejo.

---

[79] Cf. PERNIN, Marie-José, "Une entreprise qui ne couvre pas ses frais", In: **Présences de Schopenhauer**, pp. 135-159.
[80] **MVR**, tr. fr., p. 411. – (SW, I, p. 447).
[81] **MVR**, tr. fr., p. 1338. – (SW, II, p. 737).
[82] **MVR**, tr. fr., p. 1347. – (SW, II, p. 747).
[83] **MVR**, tr. fr., p. 1344. – (SW, II, p. 744).

XIV. O AMOR ENGANADOR

No §60 do **Mundo** Schopenhauer apresenta um conceito muito característico de sua filosofia, e que será mais tarde retomado por Nietzsche em um outro sentido: **a afirmação da vontade**. Em uma filosofia que identifica vida, vontade e sofrimento, afirmar a vontade é afirmar o corpo, satisfazer as necessidades corporais, **dizer sim ao desejo e ao sofrimento**. Essa posição é "a vida de quase todos os homens", a vida ordinária.

A vontade de viver se afirma energicamente no "ato da procriação", na sexualidade. A atração dos sexos é "a afirmação mais enérgica da vida"[84]. Sabe-se que, na obra de Schopenhauer, a questão da sexualidade e do amor foi tratada na *Metafísica do amor* (capítulo XLIV dos suplementos ao livro IV do **Mundo**). Nesse texto, "ao qual Schopenhauer deve uma grande parte de sua celebridade"[85], o amor aparece como um ardil do "gênio da espécie". O instinto sexual é descrito como **a sede da vontade** e Schopenhauer mostra como, no amor, a Natureza utiliza o indivíduo para o seu interesse principal: a conservação da espécie. O âmbito do instinto sexual é aquele em que "o caráter humilhante da opressão da vontade se manifesta de maneira particularmente visível"[86]. O instinto sexual e o amor são essencialmente "máscara e estratagema". Como diz Schopenhauer:

> "A natureza só pode atingir o seu objetivo fazendo nascer no indivíduo uma certa ilusão, graças à qual ele considera como uma vantagem pessoal o que na realidade é apenas vanta-

---

[84] **MVR**, tr. fr., p. 415. – (SW, I, p. 451).

[85] ROSSET, Clément. **Schopenhauer, philosophe de L'absurde**, p. 98. A influência da **Metafísica do amor** sobre os escritores europeus do século XIX e do século XX (Maupassant, Musil, Karl Kraus, Strindberg etc...) foi analisada no volume coletivo dirigido por Anne Henry: "**Schopenhauer et la création littéraire en Europe**".

[86] Cf. ROSSET, Clément, **Schopenhauer, philosophe de L'absurde**, p. 81.

gem para a espécie, do mesmo modo que é para a espécie que ele trabalha quando imagina trabalhar para ele mesmo"[87].

O texto schopenhaueriano, que seria mais bem traduzido por *Metafísica do amor sexual* (*Metaphysik der Geschlechtsliebe*), introduz a desconfiança e a desilusão no âmago da mais cara ilusão humana. Declarando o amor um estratagema, um ardil da espécie, Schopenhauer retoma a série de metáforas que atravessam sua obra quando se trata da repetição mecânica: a imagem da marionete "puxada por um mecanismo interior"[88], a imagem do relógio que "funciona sem saber por quê"[89]. São metáforas para a repetição da vontade cega, "sem razão".

Dizendo isso queremos demonstrar que a vida – enquanto vontade de viver – é uma escravidão que se repete necessariamente. O exemplo da sexualidade revela o caráter opressivo e necessário da vontade.

XV. O EGOÍSMO, FONTE DA INJUSTIÇA

Schopenhauer começa a edificar sua visão moral do mundo a partir da reflexão sobre o egoísmo. O egoísmo é "a própria forma da vontade de viver"[90]. Schopenhauer considera que, através do egoísmo, "o eu, essa gota d'água em um oceano", revela "a contradição íntima da vontade". O egoísmo no homem atinge a sua suprema intensidade nos casos aberrantes "dos grandes tiranos, dos grandes celerados [...]"[91], mas ele é o princípio, a fonte mesmo do que Schopenhauer denomina **a maldade**. A simples ação de viver, segundo Schopenhauer, prepara a maldade. Afirmar o seu apego ao corpo, ou afirmar sua vontade, já é isolar-se dos outros, participar da ilusão da individuação.

---

[87] *Metafísica do amor*, **MVR**, tr. fr., p. 1293. – (SW, II, p. 688).
[88] **MVR**, tr. fr., p. 1084. – (SW, II, p. 463).
[89] **MVR**, tr. fr., p. 406. – (SW, I, p. 441).
[90] **MVR**, tr. fr., p. 404. – (SW, I, p. 438-439).
[91] **MVR**, tr. fr., p. 419. – (SW, I, p. 455).

Schopenhauer define **a injustiça** como o ato de "empurrar a afirmação de nossa vontade para além dos limites de sua forma visível, até negá-la no outro"[92]. A noção da injustiça, em um filósofo pessimista como Schopenhauer, é "primitiva e positiva"[93]. O direito vem recusar a existência da injustiça prévia. A noção do **direito** é concebida como "negação da injustiça"[94]. Quando o homem estende a afirmação de sua vontade, "até negar a vontade manifestada pela pessoa do outro"[95], ele está na injustiça.

XVI. O ESTADO-FOCINHEIRA

O Estado, segundo a filosofia de Schopenhauer, criou a "legislação" para proteger "a vítima da injustiça"[96]. O Estado não é "um meio de nos elevar à moralidade"[97]; ele nasceu do egoísmo metódico, de um egoísmo que visa "as conseqüências funestas do egoísmo"[98]. A imagem que Schopenhauer utiliza é a da "focinheira". O Estado vigia para que o animal feroz (o homem) não ultrapasse os limites de um egoísmo restrito à autoconservação. O Estado, e somente ele, possui "o direito de punir"[99]. O objetivo da punição é apenas "prevenir a falta pelo terror".

É evidente que Schopenhauer não concebe a natureza humana como tendo vocação para fazer o bem. Ao contrário, é somente através do medo (o medo do castigo) que o homem se restringe a permanecer nos limites de sua autoconservação. A definição mais clara do Estado que Schopenhauer oferece se

---

[92] **MVR**. tr. fr., p. 423. – (SW. I, p. 460).
[93] **MVR**. tr. fr., p. 426. – (SW. I, p. 463).
[94] **MVR**. tr. fr., p. 427. – (SW. I, p. 464).
[95] **MVR**. tr. fr., p. 426. – (SW. I, p. 463).
[96] **MVR**. tr. fr., p. 433. – (SW. I, p. 470).
[97] **MVR**. tr. fr., p. 434. – (SW. I, p. 471).
[98] **MVR**. tr. fr., p. 435. – (SW. I, p. 472).
[99] **MVR**. tr. fr., p. 437. – (SW. I, p. 475).

encontra no §62 do **Mundo**: "O Estado é um meio de que se serve o egoísmo esclarecido pela razão para desviar os efeitos funestos que ele produz e que se voltariam contra ele mesmo; no Estado, cada um sabe que seu próprio bem está envolvido naquele"[100].

Schopenhauer tem uma visão muito pragmática e restritiva do papel do Estado; ele não pode extirpar todos os males humanos. Para o teórico da vontade cega, a vida social e política do homem não é um caminho em direção à perfeição moral, mas um ardil para vigiar o "animal feroz" que é o homem.

XVII. O DIABÓLICO NO HOMEM

Essa visão sombria do caráter humano está exposta, em um estilo polêmico e agressivo, no capítulo VIII do **Parerga und Paralipomena**, volume II, no texto que se intitula *Da Ética*. No §114, Schopenhauer se dedica a variações implacáveis sobre a "crueldade humana". O gênero humano, "no qual encontramos todos os graus de indignidade e de crueldade", mostra que, no fundo, "o homem é um animal selvagem medonho"[101].

Schopenhauer diz que o culpado das más ações é o "egoísmo colossal" do homem. Citando Gobineau, e seu *Essai sur l'inégalité des races humaines*[102], Schopenhauer caracteriza o homem como "o animal perverso por excelência". Com relação aos outros animais que "não torturam jamais unicamente por torturar", o homem possui um caráter "diabólico" (*teuflischen*), que é "bem pior do que o caráter simplesmente animal". É esse

---

[100] MVR. tr. fr., p. 440. – (SW. I. p. 478). Simone Goyard-Fabre, uma especialista em filosofia política, reconhece – nas análises de Schopenhauer – uma sensibilidade muito acentuada para a dimensão complexa do direito e da lei: "Porque o filósofo da 'tragédia da vontade' descobre no mundo um caráter absurdo que não pode ser eliminado, ele é sensível ao problema delicado do direito natural e da lei civil e o coloca em termos incisivos." (Cf. GOYARD-FABRE, Simone. "Droit Naturelle et Loi Civile dans la Philosophie de Schopenhauer". In: **Les études philosophiques**. nº 4. p. 452).

[101] SCHOPENHAUER. **Da Ética**. extrato de P. capítulo VIII. §114. op. cit.. tr. fr., p. 90. In: **Le sens du destin**. – (SW. V. p. 251).

[102] Cf. GOBINEAU. **Oeuvres**. Volume I.

caráter que está na origem do "prazer do combate e da guerra", acusa Schopenhauer, esquecendo talvez que ele mesmo definiu a vida da Vontade como uma "guerra sem trégua".

Afirmando que a sociedade humana só subsiste "pelo antagonismo do ódio ou da cólera e do medo", Schopenhauer retoma as análises sobre o papel do castigo presentes no §62 do **Mundo**.

XVIII. JUSTIÇA TEMPORAL E JUSTIÇA ETERNA

No §63 do **Mundo**, Schopenhauer abandona o tema da **justiça temporal** (que sustenta sua teoria do direito natural e da lei civil) e trata da "justiça eterna", que governa "não mais o Estado mas o universo"[103]. Ele afirma que essa justiça equilibra as faltas e os sofrimentos do mundo. Voltando ao caráter ilusório do princípio de individuação face "ao universo sem limites, cheio de uma inesgotável dor"[104], Schopenhauer nos apresenta a universal vontade de viver como possuindo "duas faces diferentes": o mal e a maldade. São, segundo ele, as duas faces da mesma e idêntica vontade.

A imagem do homem que ignora a identidade absoluta da Vontade em si está descrita na célebre metáfora do barqueiro com sua "frágil embarcação". Sabe-se que Nietzsche citou essa passagem em **O nascimento da tragédia**[105]:

> "Tal como, em meio ao mar enfurecido que, ilimitado em todos os quadrantes, ergue e afunda vagalhões bramantes, um barqueiro está sentado em seu bote, confiando na frágil embarcação; da mesma maneira, em meio a um mundo de tormentos, o homem individual permanece calmamente

---

[103] **MVR**, tr. fr., p. 441 – (SW, I, p. 479).
[104] **MVR**, tr. fr., p. 444 – (SW, I, p. 482).
[105] Cf. NIETZSCHE, Friedrich, **NT**, tr. fr., p. 44 – (KSA, I, p. 28). (tr. br. de J. Guinsburg. In **O Nascimento da tragédia**, p. 30). Nesse texto, Nietzsche identifica o princípio de individuação schopenhaueriano ao princípio estético apolíneo.

sentado, apoiado e confiante no *principium individuationis* (princípio de individuação)"[106].

XIX. O MISTÉRIO DA UNIDADE DOS SERES

Com essa admirável passagem Schopenhauer prepara o caminho para a visão da identidade de todos os seres na ótica da Vontade em si. A pessoa, que é "uma mera aparência", deve reconhecer "como seu tudo o que existe de dores no universo"[107]. Sob esse ponto de vista, surge a identidade do torturador e da vítima, da maldade e do mal, sob o pano de fundo da vida universal da Vontade.

Schopenhauer introduz, com essa exposição do caráter ilusório da pessoa individual, o tema fundamental da "unidade dos seres", tratado sobretudo em sua obra **Sobre o fundamento da moral**. Essa unidade é a condição necessária para o advento do processo da compaixão (*Mitleid*), "fenômeno ético fundamental"[108].

Se o "caráter perverso" apresenta a vontade em estado de exasperação[109], já que a pessoa malvada é aquela que afirma **violentamente** a vida, o homem que renuncia à vontade se afasta

---

[106] **MVR**, tr. fr., p. 444. – (SW, I, p. 482).
[107] **MVR**, tr. fr., p. 445. – (SW, I, p. 483).
[108] No §16 de **Sobre o fundamento da moral** Schopenhauer expõe o fenômeno "misterioso" do olhar que atravessa o princípio da individuação e contempla a unidade dos seres: "É o fenômeno diário da **compaixão**, quer dizer, a participação totalmente imediata, independente de qualquer outra consideração, no **sofrimento** de um outro e, portanto, no impedimento ou supressão deste sofrimento, como sendo aquilo em que consiste todo contentamento e todo bem-estar e felicidade. Esta compaixão sozinha é a base efetiva de toda a justiça **livre** e de toda a caridade **genuína**. Somente enquanto uma ação dela surgiu é que tem valor moral, e toda ação que se produz por quaisquer outros motivos não tem nenhum. Assim que esta compaixão se faça sentir, o bem e o mal do outro me atingem diretamente do mesmo modo, embora nem sempre no mesmo grau que os meus. Portanto, agora, a diferença entre mim e o outro não é mais absoluta. Certamente este processo é digno de espanto e até misterioso. É, na verdade, o grande mistério da ética..." (Cf. tr. br. Maria Lúcia Cacciola, In "**Sobre o fundamento da moral**". pp. 129-130).
[109] **MVR**, tr. fr., p. 457. – (SW, I, p. 495).

ao mesmo tempo do mal e da maldade, "as duas faces diferentes" da universal vontade de viver.

Schopenhauer louva a virtude como algo de prático, de intuitivo. A **virtude**, diz ele, "não pode ser ensinada"[110]. Estabelecendo uma distinção entre o homem justo e o homem bom, Schopenhauer retorna à questão da justiça. Se, para o homem perverso, o princípio de individuação é "uma separação absoluta"[111], para o homem justo, que "reconhece espontaneamente os limites traçados apenas pela moral entre o justo e o injusto e que os respeita, mesmo na ausência do Estado [...]"[112], há uma abertura para o direito do outro. A **bondade**, por sua vez, deriva "de uma manifestação menos enérgica da Vontade"[113] que a maldade. O **homem bom** se distingue do **homem justo** ao ver "mais claro ainda através do princípio de individuação". Aí ele manifesta essa "ternura pura, desinteressada, pelo outro",que caracteriza o **bom coração**.

Percebe-se que, à medida que o homem se afasta da afirmação da vontade, se torna melhor, menos perverso, segundo Schopenhauer. A vontade (que é o mal e a maldade para Schopenhauer) deve ser domada para que a ilusão do princípio de individuação se dissipe. Afirmando que "nosso verdadeiro eu não reside apenas em nossa pessoa"[114], Schopenhauer alcança finalmente a antiga fórmula védica que sustenta o "mistério" da compaixão: *tat twam asi* ("tu és isto"). O fundamento da moral schopenhaueriana repousa sobre essa "fórmula mística"[115], como ele reconhece em uma passagem dos **Parerga.**

Para escapar a seu caráter "diabólico", o homem depende de uma ação misteriosa devida a uma atitude mística em que ele ultrapassa os limites de seu egoísmo constitutivo.

---

[110] **MVR**, tr. fr., p. 463. – (SW, I, p. 501).
[111] **MVR**, tr. fr., p. 466. – (SW, I, p. 504).
[112] **MVR**, tr. fr., p. 466. – (SW, I, p. 504).
[113] **MVR**, tr. fr., p. 468. – (SW, I, p. 506).
[114] **MVR**, tr. fr., p. 470. – (SW, I, p. 508).
[115] Cf. **Da Ética**, §115. In: **Le sens du destin**, tr. fr., p. 97. – (SW, V, p. 260).

XX. EUDEMONISMO E PESSIMISMO

O mundo como vontade, exposto no livro II do **Mundo**, é o motivo do pessimismo schopenhaueriano: um mundo cruel, angustiante, necessário. Michael Landmann observa muito bem que "o pessimismo de Schopenhauer é um pessimismo eudemonístico"[116]. O mundo é considerado **mau** porque torna as criaturas infelizes.

Buscando uma vida sem dor, sem tempo, sem movimento, Schopenhauer acabou por encontrar a vida mística, que corresponde a uma felicidade inumana, a uma verdade oposta à vontade de viver. Essa é a origem da admiração de Schopenhauer pela ascese.

"A alegria mente ao desejo fazendo-o acreditar que é um bem positivo."[117] Adversário da alegria, Schopenhauer caminha em direção a seu contrário: **a negação do querer-viver**. Quando a vontade se desliga da vida, por meio do ascetismo, ela se desliga – de forma eudemonística – do sofrimento e da dor. A negação da vontade de viver é uma atitude radical de exclusão do mundo[118]. Mas, para um pessimista que vê o desejo como opressão e repetição, a libertação, a redenção (*Erlösung*) só podem vir da supressão do desejo.

Essa visão da "negação da vontade" é considerada como o ponto final da moral schopenhaueriana. Mas há, em sua obra,

---

[116] LANDMANN, Michael. "*Das Menschenbild bei Schopenhauer*", In: *Zeitschrift für Philosophische Forschung*, 14, p. 398: "*Schopenhauers Pessimismus ist eudämonistischer Pessimismus: die Welt ist schlecht, weil sie unglücklich macht.*"

[117] **MVR**, tr. fr., p. 472. – (SW, I, p. 511).

[118] Schopenhauer, que exclui a liberdade do mundo dos fenômenos, no qual vê reinar a mais absoluta necessidade, considera a atitude da negação da vontade o único ato livre: "Na verdade, a liberdade, propriamente dita, isto é, o estado de independência com relação ao princípio de razão, só pertence à coisa-em-si; não pertence ao fenômeno, cuja forma essencial é o princípio de razão, elemento mesmo da necessidade. O único caso em que essa liberdade se torna diretamente visível no mundo dos fenômenos é quando põe fim ao próprio fenômeno." (**MVR**. Livro IV. §70. tr. fr., p. 504). – (SW, I, p. 546).

uma atitude que relativiza o radicalismo dessa posição niilista ou ascética, como vamos ver.

Nietzsche, de um modo irônico, criticou Schopenhauer denunciando o caráter eudemonístico de sua vida:

> "[...] podemos lembrar que Schopenhauer, embora pessimista, verdadeiramente tocava flauta [...] diariamente, após a refeição: leiam na sua biografia. E a propósito: um pessimista, um negador de Deus e do mundo, que se **detém** diante da moral – que diz "sim" à moral e toca flauta, à moral do *laede neminem*: como? este é verdadeiramente – um pessimista?[119]"

XXI. A MORAL DO "COMO-SE"

O que se poderia acrescentar a isso é que Schopenhauer expôs, em sua obra, uma atitude prática que pode servir de antídoto ao niilismo de sua visão ascética. Em um texto dos **Parerga und Paralipomena**, intitulado *Aforismos para a sabedoria na vida* (*Aphorismen zur Lebensweisheit*), o sombrio pessimista ensina uma maneira positiva de enfrentar o "mal de viver". Na linha dos moralistas franceses, Schopenhauer faz um elogio de uma vida estrategicamente pensada: é a **moral do "como-se"**[120]. A sociedade e o homem em geral continuam a ser considerados hostis e malévolos. Devemos nos preservar dos outros por meio da ponderação, para encontrar "o prazer em nós mesmos, em nossos dons intelectuais"[121].

---

[119] Cf. NIETZSCHE, Friedrich, **BM**, Aforismo 186, op. cit., tr. fr., p. 98. Cf. tr. br. Paulo César de Souza, pp. 86-87. – (KSA, V. p. 107).

[120] SAFRANSKI, Rüdiger. **Schopenhauer et les années folles de la philosophie**, p. 418. "A moral do como-se que Schopenhauer esboça nos **Aforismos** encontra-se sob um signo inteiramente diferente. Aqui se trata de uma 'adaptação' ao princípio de conservação de si e ao desejo de poder passar com moderação uma vida feliz."

[121] Em **Aforismos para a sabedoria na vida** há um texto que evoca o movimento ascensional da vida, já exposto por Schopenhauer no livro II do **Mundo**, mas com um desenlace otimista: "A natureza vai em crescendo, a começar pela ação mecânica e

Tal fórmula egoísta e eudemonística, moldada pelo signo da autoconservação, é uma versão moderada do ascetismo radical pregado no livro IV do **Mundo**. Schopenhauer expõe, nos *Aforismos para a sabedoria na vida*, uma espécie de **sabedoria teatral**: sabemos que a vida é sofrimento e dor, mas "façamos como se a vida valesse a pena ser vivida"[122].

Essa atitude menos radical, essa estratégia prática se assemelha aos conselhos de seu mestre espanhol Baltasar Gracián (de quem Schopenhauer traduziu o *Oráculo manual*): elogio da polidez, elogio do segredo. Uma atitude mais estética e menos moral em relação à vida.

A imagem do homem segundo Schopenhauer é, portanto, primeiramente ligada ao caráter absurdo, *grundlos*, da vontade. O homem é – sob esse aspecto – **uma face da vida absurda**. Diante dessa constatação, Schopenhauer faz um recuo e acusa moralmente a Vontade de ser perversa ou má. Ele louva a negação da Vontade porque esta frustrou a sua expectativa de uma felicidade absoluta. Chegando, por meio da **piedade**, a uma visão compassiva diante do mal e do sofrimento, Schopenhauer se torna então quase um místico, adotando a divisa da unidade de todos os seres (*tat twam asi*). Mas assim renuncia à felicidade pessoal e admite somente a solidariedade com o sofrimento do outro como única felicidade.

Fora disso, há apenas "uma paz imperturbável, uma calma profunda, uma serenidade íntima"[123] que Schopenhauer associa

---

química do reino inorgânico, até o reino vegetal e a surda fruição de si próprio; daí, ao reino dos irracionais, com o qual despontam a **inteligência** e a consciência; de um tímido começo, vai subindo gradativamente, cada vez mais, e afinal, em último e supremo passo, eleva-se ao **homem**, em cujo intelecto atinge, pois, o ápice e a meta de suas produções, ou seja, o que pode fornecer de mais perfeito e difícil. Mesmo na espécie humana, porém, oferece o intelecto muitas e visíveis gradações, chegando muito raramente à mais elevada, à alta inteligência propriamente dita. Em sentido estrito e rigoroso, é esta, assim, o produto supremo e mais penoso da natureza, e, portanto, o que o mundo tem de mais raro e mais precioso. Nela desabrocha a mais lúcida consciência, e nela o mundo se reflete, melhor do que alhures, de modo nítido e perfeito. Quem for dotado de uma consciência assim possui, pois, o que há de mais precioso no mundo e uma fonte de prazeres, diante das quais as outras são mesquinhas..." (**Aforismos para a sabedoria na vida**, tr. br. Genésio de Almeida Moura, p. 47. – (SW. IV, p. 402).

[122] SAFRANSKI, Rüdiger. **Schopenhauer et les années folles de la philosophie**. p. 418.
[123] **MVR**. tr. fr., p. 489. – (SW. I. p. 530).

à negação do querer-viver. Essa **beatitude nirvânica** não pode ser considerada uma felicidade pessoal, porque, enquanto "alegria celeste", ela não pertence mais ao mundo. Pertence ao domínio da mística.

Dissemos que, nos **Aforismos para a sabedoria na vida**, Schopenhauer faz uma concessão à felicidade pessoal, adotando uma atitude francamente "desligada" face ao mundo perverso. Nesse caso Schopenhauer se torna menos heróico do que o apóstolo do ascetismo mas, em compensação, se aproxima de uma sabedoria que – em sua Estética – identificou com a atitude contemplativa.

CAPÍTULO SEGUNDO

A IMAGEM DO HOMEM SEGUNDO NIETZSCHE

I. SCHOPENHAUER EDUCADOR

Não se pode falar de Nietzsche, nem de sua visão do homem sem, antes, mostrar a influência capital que ele sofreu de Schopenhauer. Schopenhauer foi "uma experiência intelectual que nele deveria deixar traços permanentes"[1]. Ainda jovem, quando era estudante de filologia em Leipzig, a leitura do **Mundo como vontade e representação** exerceu sobre o futuro filósofo trágico uma impressão considerável. Segundo a opinião de seu mais recente biógrafo, Curt-Paul Janz, o que o havia "impressionado como uma revelação" em Schopenhauer tinha sido "essa visão da realidade como absolutamente alógica, absolutamente irracional"[2].

Nietzsche, filho de pastor, encontrou em Schopenhauer um mestre que, como filósofo, ensinou-lhe, pela primeira vez, "a dimensão trágica da vida"[3]. Schopenhauer, com sua doutrina de uma vontade cega que rege tudo e com seu pessimismo heróico, pintou um mundo inteiramente "despojado de todo caráter divino"[4], um mundo visto por um olhar totalmente ateu. Como escreve muito bem um antigo comentador de Schopenhauer e de Nietzsche, Jules de Gaultier, a visão schopenhaueriana excluía

---

[1] JANZ, Curt Paul. **Nietzsche – biographie. Enfance, jeunesse, les années bâloises**, Tomo I, capítulo VII, p. 150.
[2] Idem, ibidem, p. 169.
[3] Idem, ibidem, p. 154.
[4] Cf. NIETZSCHE, Friedrich. **GC**, §357, tr. fr., p. 262. – (KSA, III, p. 602).

de sua concepção do mundo "toda representação dualista"⁵. A vontade enquanto totalidade do mundo; é esta idéia schopenhaueriana que muito marcou Nietzsche.

O mundo *grundlos* da vontade schopenhaueriana oferecia ao jovem Nietzsche o espetáculo trágico de uma contingência angustiante. Sabe-se que Schopenhauer tornou-se um pessimista por sua recusa em admitir um mundo tão absolutamente cruel. Mas, excetuando sua dimensão moral (livro IV do **Mundo**), a representação angustiante do "mundo como vontade" (livro II do **Mundo**) permanece fundamental para Nietzsche.

Após esse momento entusiasta da juventude, Nietzsche rendeu homenagem a Schopenhauer em um texto célebre, **Schopenhauer educador** (1876), a terceira **Consideração Extemporânea**. Nesse ensaio, em que fala de Schopenhauer como um "exemplo de vida"⁶ e no qual não há vestígio dos conceitos do **Mundo**, Nietzsche expôs uma idéia fundamental: a questão do **valor da existência**.

Éric Blondel sublinhou a importância dessa questão: "é indubitavelmente de Schopenhauer que Nietzsche recebe o choque que determinará a orientação de seu questionamento"⁷. A questão schopenhaueriana, "de um caráter brutalmente existencial" é esta: "qual é, em suma, o valor da existência?"⁸.

Schopenhauer era, para Nietzsche, um "educador", sobretudo deste ponto de vista: ensinando-lhe a **julgar toda visão**

---

⁵ GAULTIER, Jules de. "Schopenhauer et Nietzsche". **Revue des Idées**, 1, p. 137. "Não há lugar para a idéia de Deus em semelhante concepção do ser, e Schopenhauer assim como Nietzsche a excluíram cuidadosamente. Em oposição a todo sistema dualista, sua concepção do universo é expressamente monista."

⁶ Cf. NIETZSCHE, Friedrich, **CE – III-IV**., pp. 39-41. – (KSA, I, pp. 350-351). "Eu estimo um filósofo na medida em que ele pode dar um exemplo [...] Schopenhauer se preocupa muito pouco com os pedantes, mantém-se afastado de grupos, busca a independência com relação ao Estado e à sociedade, e nisso ele é um exemplo e um modelo."

⁷ BLONDEL, Éric. **Nietzsche, le corps et la culture**, p. 80.

⁸ NIETZSCHE, Friedrich, **CE – III-IV**, p. 57 – (KSA, I, p. 361).: *Was ist das Dasein überhaupt wert?* e **Ensaio de autocrítica** (1886), tr. fr., pp. 25-26 – (KSA, I, p.12).: "O grande ponto de interrogação com respeito ao valor da existência." Em **A gaia ciência**, Nietzsche se refere a "Schopenhauer com seu pessimismo, isto é, com o problema do valor da existência [...]". (Cf. **GC**. §357, tr. fr., p. 260). – (KSA, III, p. 599).

teórica a partir da existência. Ele deu a Nietzsche essa posição filosófica fundamental: a vida enquanto *a priori*.

Se Nietzsche reconheceu que foi o ateísmo que "o conduzira a Schopenhauer"[9], devemos acrescentar que o resultado dessa visão atéia, fatalista, de Schopenhauer foi um desafio para Nietzsche. A vida absurda, sem razão, da vontade merece ser **aprovada**? Sabemos que a resposta nietzschiana constituirá toda a sua **filosofia trágica**, alternativa alegre ao sombrio pessimismo schopenhaueriano.

Além dessa visão fundamental de um mundo alógico e irracional, Schopenhauer legou a Nietzsche uma interpretação muito restritiva do papel da razão humana. A razão, o conhecimento em geral, é apenas um meio, um instrumento (*Werkzeug*) de nossa vontade. O caráter pragmático de nosso intelecto, "um meio de conservação do indivíduo e da espécie"[10], marcou profundamente Nietzsche. Toda a sua teoria do conhecimento está de acordo com essa visão utilitarista do intelecto cara a Schopenhauer. Um texto póstumo de juventude, **Introdução teórica sobre a verdade e a mentira no sentido extramoral** (1873), repete a visão schopenhaueriana: o intelecto é "um meio de conservação para o indivíduo"[11].

Quer dizer que Nietzsche recebeu de Schopenhauer essa visão de uma realidade irracional e alógica, e também uma concepção do caráter limitado de nosso entendimento. Sabe-se que Schopenhauer concebeu uma maneira de ultrapassar essa condição humana limitada: a visão moral da unidade de todos os seres (**a compaixão**). Nietzsche, por sua vez, teve uma reação oposta à visão moral de Schopenhauer: imaginou seres humanos tão fortes que poderiam aceitar a vida **tal e qual**, isto é, afirmar o seu caráter alógico e irracional somente por uma **potência aprobatória** interior. Schopenhauer busca na arte (provisoriamente) e na moral (definitivamente) uma consolação para nos

---

[9] NIETZSCHE, Friedrich, **EH**, tr. fr., p. 293. – (KSA, VI, p. 318).

[10] SCHOPENHAUER, Arthur, **MVR**, II, §27, tr. fr., p. 201. – (SW, I, p. 225).

[11] NIETZSCHE, Friedrich, **VM**, In: **Le Livre du Philosophe** – *das philosophen buch.*, p. 173. – (KSA, I, p. 876).

oferecer. Nietzsche, mais radical, diz que nosso único remédio é a capacidade de aprovação incondicional da realidade.

A partir da descrição trágica da vida apresentada pelo filósofo pessimista, Nietzsche elaborou sua própria filosofia: uma resposta **trágica** às consolações morais de seu educador pessimista.

II. O ANIMAL INTELIGENTE E SEU ASTRO*

Nietzsche concebeu uma visão do **homem em geral** que reteve traços da imagem schopenhaueriana mas acrescentou-lhe características muito particulares. À idéia de um parentesco entre o homem e o animal ele deu um **tom** pascaliano, amplificando a dimensão **trágica** própria à condição humana.

É a partir de uma perspectiva longínqua que o olhar de Nietzsche observa o animal humano. Perspectiva que se situa muito longe da Terra e que não considera o homem uma criatura privilegiada. Como um observador distante, Nietzsche contempla a contingência e a finitude do homem. A Terra é um astro, entre tantos outros, que tem possibilidades de vida; e a vida humana um episódio efêmero nesta aparição fugaz que é a Vida.

Há um profundo "sentimento de contingência"[12] que percorre a visão do homem em Nietzsche. A revolução astronômica (Copérnico, Galileu) e a ciência dos fósseis de Darwin compuseram um cenário que **agrava** a contingência humana.

O orgulho antropocêntrico[13], nascido de uma imagem religiosa e lisonjeira em que ele, o homem, é o centro de tudo, sofre

---

[12] Cf. DUVAL, Raymond. "Le Point de Départ de la pensée de Nietzsche: Nietzsche et le Platonisme", In: **Revue des sciences philosophiques et théologiques**, p. 632.

[13] Esse orgulho, para Freud, significa narcisismo: "Segundo Freud, há três grandes feridas narcisistas na cultura ocidental: a imposta por Copérnico, a feita por Darwin quando descobriu que o homem descendia do macaco; e a ferida ocasionada por Freud quando ele mesmo, por sua vez, descobriu que a consciência repousava sobre a inconsciência." (Cf. FOUCAULT, Michel, "Nietzsche, Freud, Marx", In: **Nietzsche – cahiers de royaumont**, pp. 185-6).

* Nesse item retomamos, de forma abreviada e modificada, as idéias desenvolvidas no primeiro capítulo de nosso livro **Nietzsche – as artes do intelecto**.

um choque considerável. O homem está situado na cadeia evolutiva das espécies e a Terra é apenas um astro acidental, um **acaso** em um Universo imenso e eterno. Em relação à duração do Universo e à história da Vida, a Terra e o homem são "festas de curta duração":

> "O homem, uma pequena espécie animal exageradamente presunçosa que, por felicidade, só possui um tempo: a vida sobre a terra mesmo, um instante, um acidente, uma exceção sem conseqüência, algo que para o caráter geral da Terra permanece sem conseqüência: a própria Terra, como todos os astros, um hiato entre dois nadas, um acontecimento sem plano, razão, vontade, consciência de si [...]"[14].

A compreensão da pequena dimensão da vida humana em comparação ao grande jogo da Vida e do Universo permanece imutável nos textos de Nietzsche, da afirmação que abre o ensaio de 1873, **Introdução teorética sobre a verdade e a mentira no sentido extramoral**[15], até as passagens de fragmentos situados no último período de sua obra. Esta visão funciona, por assim dizer, como um cenário não-moral e não-metafísico a partir do qual se possa perceber o animal inteligente.

Já no século XVII, Blaise Pascal concebia o homem "perdido em um recanto remoto da natureza"[16], atravessado de abismos que o transcendem. Pascal diferia, entretanto, de Nietzsche quando associava essa condição trágica à idéia de Deus[17]. Em

---

[14] Cf. NIETZSCHE, Friedrich, **Fragmentos póstumos, primavera-verão 1888**, 16 [25], tr. fr., p. 241. – (KSA, XIII, pp. 488-489).

[15] "Em algum canto afastado do universo, espalhado no clarão de inumeráveis sistemas solares, houve uma vez um astro (*Gestirn*) sobre o qual animais inteligentes (*kluge Tiere*) inventaram o conhecimento. Foi o minuto mais arrogante e mentiroso da História Universal; mas foi apenas um minuto. Após alguns suspiros da natureza, o astro se congelou e os animais inteligentes morreram." (Cf. **VM**, In: "Le Livre Du Philosophe – *das Philosophen Buch*", pp. 170-1). – (KSA, I, p. 875).

[16] Cf. PASCAL, Blaise, "Pensées" II, cf. **Pensées et opuscules**, p. 348.

[17] Idem, ibidem. p. 347: "Que o homem contemple, pois, a natureza inteira na sua alta e plena majestade; que afaste o olhar dos objetos vis que o cercam. Que olhe essa luz brilhante colocada como uma lâmpada eterna para iluminar o universo; que a terra lhe apareça como um ponto em comparação com a vasta órbita que esse astro descreve, e que se maravilhe de ver que essa mesma vasta órbita não passa de um ponto insignificante na

Pascal, o homem é um ser duplo que contém em si **grandeza** e **miséria**. Situado na ordem da Natureza ele ultrapassa, ao mesmo tempo, essa condição. "Nem anjo, nem animal", o lugar do homem é instável e excêntrico. Preso à sua condição natural e buscando – através da fé – um objetivo transcendente, o homem oscila em sua ambigüidade trágica.

Na visão pascaliana, o descentramento do homem está ligado a um ponto privilegiado, exterior; um ponto fixo sobrenatural para o qual converge a esperança humana. Errante em um espaço movente onde não encontra seu lugar, o homem só pode encontrar repouso ou unidade nesse ponto longínquo e transcendente (fixo) que tudo organiza e tudo faz convergir em Sua direção: Deus. A errância do homem não é uma qualidade final em Pascal. Ela possui uma relação íntima com a busca do centro, do ponto fixo não-natural que é a salvação do homem.

O objetivo da vida humana está fora dela mesma, em um outro lugar. Essa vida, expressão de instabilidade e de errância, se resolve em um "outro" que a preenche e lhe dá um **sentido**: um Deus sem o qual o homem seria "um monstro e um caos". Para salvar o homem do caos e da ausência de sentido existe a fé cristã. A mesma fé que Nietzsche rejeita de seu distante posto de observação.

A partir dessa errância revelada por Pascal, Nietzsche constrói a sua visão particular: que o homem seja descentrado e disperso, que habite um lugar do "incompreensível", sem Deus, sem ponto fixo. Que respire esse ar de abismo e que a partir daí possa criar valores, ficções que tornem possível uma vida não de **transparência** mas de **sombra** e de **contingência**. Onde sua verdade não vise um centro sobrenatural doador de sentido, mas que retorne a si como único doador e criador, sem nenhum apoio senão sua vontade, instrumento de vida e de potência.

---

rota dos outros astros que se espalham pelo firmamento. Mas se nossa vista aí se detém, que nossa imaginação não pare; mais depressa ela se cansará de conceber do que a natureza de produzir. Todo esse mundo visível é apenas um traço imperceptível no amplo seio da natureza. Nenhuma idéia pode aproximar-se dele ... Enfim, o maior sinal sensível da onipotência de Deus é que nossa imaginação se perca neste pensamento." (Tradução de J.T. Brum).

III. O HOMEM-ANIMAL

Um dos aspectos mais notáveis da imagem do homem segundo Nietzsche é sua posição em relação à dimensão **animal** do homem[18]. Sabemos que Schopenhauer considerou a **idéia do homem** como o ponto mais elevado na hierarquia das objetivações da Vontade. O homem é um ser que alia uma complexidade ausente nos animais (devido à presença da razão, "a faculdade de criar conceitos"[19]) à dissimulação que o transforma em um **animal secreto**. É esse caráter, que faz do homem um animal, que "é preciso sondar" e do qual é preciso "arrancar seu segredo"[20] que interessou Nietzsche.

Com seu olhar escrutador colocado sobre o homem, Nietzsche deseja revelar "as camadas animais" ocultas pelos motivos morais ou racionais[21]. O olhar de Nietzsche a respeito do aspecto animal do homem é, portanto, um olhar implacável, sem nenhuma complacência, mas não desprovido de humor:

> "Antigamente, buscava-se dar o sentimento da majestade do homem invocando a sua origem divina: hoje isto se tornou uma via bloqueada, pois sobre o limiar surge o macaco,

---

[18] Giorgio Colli chama essa posição nietzschiana de "o grande pensamento": "Reconhecer a animalidade no homem e, mais ainda, afirmar que a animalidade é a essência do homem: eis o pensamento grave, decisivo, anunciador de tempestade, o pensamento diante do qual todo o resto da filosofia moderna é reduzido à categoria de hipocrisia. Schopenhauer o enunciou e Nietzsche foi o seu único exegeta autêntico [...]." (**Après Nietzsche**, p. 76.)

[19] SCHOPENHAUER, Arthur **MVR**, II, §27, tr. fr., p. 200. – (SW, I, p. 224).

[20] Idem, **MVR**, II, §28, tr. fr., p. 206. – (SW, I, p. 230).

[21] O caráter irracional oculto de nossos motivos ditos racionais foi muito bem expresso por Nietzsche em um texto de **A gaia ciência**, §179: "Nossos pensamentos são as sombras de nossos sentimentos – sempre mais obscuros, mais vazios, mais simples que estes." (Cf. tr. br. Márcio Puglesi, p. 156). Tarmo Kunnas resumiu assim a posição nietzschiana: "Toda a nossa vida psíquica racional e consciente resulta da sofisticação dos instintos animais e de uma vontade que quer aumentar sua potência." (**Nietzsche ou l'esprit de contradiction**, capítulo II. "L'Image de l'homme", p. 72.)

rodeado de um bestiário temível: compreensivo, ele range os dentes como para dizer: por aí, você não irá muito longe! [...] A humanidade não pode se elevar a uma ordem superior, assim como a formiga e os insetos não se elevam a nenhuma filiação divina ou à eternidade, no fim de sua 'carreira terrestre'"[22].

Do mesmo modo, a partir de uma perspectiva cara aos astrônomos,

"Aos quais, por vezes, é realmente dado desfrutar de um horizonte afastado da Terra [...] esta gota de vida é sem importância no caráter geral do imenso oceano do devir e do perecer... Talvez, na floresta, a formiga julgue ser o objetivo e o fim da existência da floresta, com tanta força quanto nós quando associamos, quase automaticamente, em imaginação, a morte da humanidade à morte da Terra"[23].

O antropocentrismo de origem religiosa ou metafísica é, aos olhos de Nietzsche, um fato cômico. Para os que contemplam a duração do Universo e a história da Vida, o homem, animal arrogante e orgulhoso de sua superioridade, se torna "o comediante do Universo". Nesse espetáculo hilariante, "a música das esferas em torno da Terra seria, então, sem dúvida, o riso debochado de todas as outras criaturas em torno do homem"[24].

Revelando a origem animal do homem, Nietzsche deseja, sobretudo, se opor às visões idealistas que afagam o seu orgulho[25]. O homem pertence, portanto, à natureza biológica e animal. Seu espírito, capaz de razão e também de dissimulação

---

[22] Cf. NIETZSCHE, Friedrich, **A**, §49, "O novo sentimento fundamental: nós somos definitivamente efêmeros", tr. fr., p. 49. – (KSA, III, pp. 53-54).

[23] Cf. NIETZSCHE, Friedrich, **AS**, §14, "O homem, comediante do Universo", In: **Humano, demasiado humano**, volume 2, 1981, p. 228. – (KSA, II, p. 549).

[24] Idem, ibidem, p. 227. – (KSA, II, p. 548).

[25] "O que é a vaidade do mais vaidoso comparada à vaidade que possui o mais modesto a se sentir 'o homem' na natureza e no mundo?" (Cf. NIETZSCHE, Friedrich, **AS**, §304, tr. fr., p. 393). – (KSA, II, p. 689). Tarmo Kunnas comenta essa aliança entre vaidade e antropocentrismo: "O antropocentrismo com o qual o homem interpreta a sua sorte e a sua história no universo é uma das formas que assume a vaidade. Julgar-se o sentido e

(como Schopenhauer mostrou), é apenas uma "continuação, uma elevação do espírito animal"[26].

IV. VONTADE DE VIVER E VONTADE DE POTÊNCIA

No §54 do **Mundo**, Schopenhauer faz uma afirmação importante para a compreensão de sua doutrina: "é um pleonasmo dizer 'a vontade de viver' e não simplesmente 'a vontade', pois é tudo uma coisa só"[27]. Ele quer dizer que, já que o mundo visível é "o espelho da vontade", a vida deve ser compreendida como "inseparável da vontade". E conclui: "onde quer que exista vontade existirá vida, um mundo enfim"[28].

Em uma filosofia transcendental como a de Schopenhauer, a distinção entre **Vontade** e **vontade de viver** segue o modelo da coisa-em-si e do fenômeno. A **vontade de viver** é a manifestação visível do em-si do mundo: a Vontade.

A descrição do caráter angustiante e infatigável da vontade de viver se situa, na obra schopenhaueriana, no fim do livro II do **Mundo**, intitulado **O mundo considerado como vontade**. A noção de **vontade de viver** (*Wille zum Leben*) é característica de uma filosofia que interpreta a vontade enquanto desejo, aspiração, esforço na direção de um objetivo incognoscível. O retrato desse esforço absurdo da vontade que quer viver encontrou em Nietzsche um suposto antípoda no conceito de **vontade de potência** (*Wille zur Macht*). Conceito enigmático, presente sobretudo no período de sua obra posterior ao **Zaratustra**, a **vontade de potência** pretende ser a resposta nietzschiana à questão filosófica da vontade.

---

o centro de uma totalidade que poderia muito bem prescindir dele é megalomania." (Cf. KUNNAS, Tarmo, op. cit., p. 77).

[26] Idem, ibidem, p. 67.

[27] Cf. SCHOPENHAUER, Arthur, **MVR**, IV, tr. fr., p. 350. – (SW, I, p. 380).

[28] Idem, ibidem.

Encontramos em **Além do Bem e do Mal**, §13, uma afirmação fundamental:

"Uma criatura viva quer antes de tudo **dar vazão** à sua força – a própria vida é vontade de potência: a autoconservação é apenas uma das mais freqüentes e indiretas **conseqüências** disso"[29].

Nesse aforismo Nietzsche mostra que a vida (ou a vontade) quer, antes de tudo, exteriorizar uma potência, um movimento de **comando** e que o interesse utilitário da conservação não é o seu objetivo principal, mas algo que decorre desse movimento de expansão.

Pelo menos no que se refere a esse conceito muito discutido, Nietzsche permanece prisioneiro de um diálogo, de uma confrontação com Schopenhauer. E, a propósito disso, é ele próprio quem diz:

"Só há vontade na vida; mas essa vontade não é querer viver; na verdade, ela é vontade de potência"[30].

Influenciado por Heráclito (fragmento 53) e por Darwin, Nietzsche sublinha no processo biológico e na existência em geral a dimensão de uma expansão de força[31]. Nesse mundo em que a instabilidade reina existe uma constante transformação, um devir perpétuo no qual a busca de um grau de força mais elevado ultrapassa o objetivo de autoconservação.

Em sua visão muito característica, Nietzsche afirma:

---

[29] Cf. NIETZSCHE, Friedrich, **BM**, §13, tr. fr., p. 32. – (KSA, V, p. 27).

[30] NIETZSCHE, Friedrich, **ZA**, segunda parte, "do domínio de si", p. 251. – (KSA, IV, p. 149).

[31] J.P. Stern, em sua obra **A study of Nietzsche**, escreve: "Não há dúvida de que embora a concepção nietzschiana da vida como um processo belicoso deva algo a Heráclito, deve muito mais a Darwin e a seus discípulos." (STERN, J.P., **Nietzsche**, op. cit., p. 73). Sabemos que o jovem Nietzsche escreveu uma obra fragmentária sobre a filosofia dos pré-socráticos, **A filosofia na época trágica dos gregos**, em que Heráclito aparece como o primeiro pensador que revelou o caráter inocente e lúdico do devir e da existência. O fragmento 53 de Heráclito ("o conflito é pai de todas as coisas") marcou muito Nietzsche. Quanto à influência do darwinismo, inegável, não deve nos fazer esquecer aquela, mais importante, de Lamarck. Sobre esse ponto, ver RICHTER, Claire. **Nietzsche et les théories biologiques contemporaines**.

"A vida mesma é **essencialmente** apropriação, ofensa, sujeição do que é estranho e mais fraco, opressão, dureza, imposição de formas próprias, incorporação e, no mínimo e mais comedido, exploração"[32].

O pensamento da potência como supremo valor existencial chega ao mundo das pulsões humanas, e mesmo ao mundo dito espiritual ou interior. Todas as pulsões morais ou espirituais do homem – incluindo os seus julgamentos do **bom** e do **mau** – são **signos** de potência[33].

As concepções schopenhaueriana e nietzschiana de **vontade de viver** e de **vontade de potência** devem ser compreendidas a partir do termo vontade. Quando Schopenhauer chegou à **vontade**, buscava uma resposta para a questão do verdadeiro sentido das representações. A vontade, alcançada por um conhecimento imediato (*unmittelbar*), aparece como a chave do enigma do mundo. A via schopenhaueriana encontra a vontade através de uma descoberta, por uma intuição irracional: o mundo enquanto não é representado, é **vivido** no corpo que é, em si, vontade.

Nietzsche desconfia dessa transparência da vontade schopenhaueriana e considera impossível uma via de acesso direta ao "âmago das coisas"[34]. Essa crítica de Nietzsche à concepção schopenhaueriana de vontade revela uma diferença mais profunda entre os dois pensadores: Schopenhauer é um metafísico, mas um metafísico transcendental:

"Ele considera todo conhecimento intelectual limitado ao mundo dos fenômenos. No entanto, através de uma espessu-

---

[32] NIETZSCHE, Friedrich, **BM**, §259, cf. tr. br., p. 171. – (KSA, V, p. 207).

[33] NIETZSCHE, Friedrich, **BM**, §36, op. cit., p. 55. – (KSA, V, p. 55).

[34] "Ainda há ingênuos observadores de si mesmos que acreditam existir 'certezas imediatas'; por exemplo, 'eu penso', ou, como era superstição de Schopenhauer, 'eu quero': como se aqui o conhecimento apreendesse seu objeto puro e nu, como 'coisa-em-si' [...] repetirei mil vezes, porém, que 'certeza imediata', assim como 'conhecimento absoluto' e 'coisa-em-si' envolve uma *contradictio in adjecto* [contradição no adjetivo] [...]." (Cf. **BM**, §16, cf. tr. br., Paulo César de Souza, pp. 21-22. – (KSA, V, p. 29).

ra fina e móvel de fatos perceptíveis, pretende tocar na realidade em si, por um conhecimento irracional"[35].

Este conhecimento é a descoberta da vontade como o **em-si** do mundo (através da experiência da vontade no corpo). Nietzsche, desde **O nascimento da tragédia** (1872), permanece um "fenomenista puro". A realidade, para ele, se reduz a "uma imensa trama de fenômenos"[36]. Ou, como diz Michel Haar, para Nietzsche "a aparência é uma aparição e não uma ilusão"[37].

A idéia de uma descoberta do segredo transcendental do mundo através de um conhecimento imediato é, para Nietzsche, "o grande erro de Schopenhauer"[38].

O pensamento nietzschiano de que se deve incluir na noção de vida, de maneira positiva e afirmativa, a crueldade e a inexorabilidade[39] está no antípoda da reação moral schopenhaueriana ao mundo que ele descreveu no livro II de sua obra principal. Schopenhauer recua diante de sua descrição "como diante de um pesadelo"[40] e Nietzsche jubila com sua noção da vida enquanto supremo valor.

A concepção de que a vida está ligada à morte e de que não se deve condenar a vida por causa de seus aspectos declinantes é uma constante em Nietzsche. No **Zaratustra**, ele diz: "quando se vê morrer os seres e cair as folhas é que a vida se sacrifica – por amor à potência"[41].

Essa visão trágica, que identifica os fenômenos da decadência a um movimento vital mais amplo, parece um eco da descrição schopenhaueriana da morte como um triunfo das

---

[35] ANDLER, Charles, **Nietzsche, sa vie et sa pensée**, Tomo I, capítulo VI, p. 80.

[36] Idem, ibidem.

[37] HAAR, Michel, "La rupture initiale de Nietzsche avec Schopenhauer", In: **Schopenhauer et la force du pessimisme**, p. 106.

[38] NIETZSCHE, Friedrich, **Fragmentos póstumos 1884-1885**, 38 [8], tr. fr., p. 341. – (KSA, XI, p. 608).

[39] NIETZSCHE, Friedrich, **GC**, §26, "O que significa viver?", tr. fr., p. 76. – (KSA, III, p. 400).

[40] Cf. MAGEE, Bryan, **The Philosophy of Schopenhauer**, Apêndice 2, **Schopenhauer and later thinkers**, p. 271.

[41] NIETZSCHE, Friedrich, **ZA**, tr. fr., p. 251. – (KSA, IV, p. 148).

forças naturais subjugadas[42]. Segundo Schopenhauer, a vida, no caso a vida humana, "mantém um combate perpétuo contra as numerosas forças físicas e químicas que, em sua qualidade de idéias inferiores, têm direitos anteriores sobre a mesma matéria"[43]. Na morte do indivíduo, segundo ele, essas forças inferiores triunfam[44].

No §27 do **Mundo**, Schopenhauer descreve as objetivações da vontade de viver. A vontade se objetiva em milhares de fenômenos que mantêm um conflito perpétuo uns com os outros. Esse conflito deve ser compreendido como uma luta em que cada fenômeno domina, subjuga o outro[45].

A idéia de uma hierarquia de fenômenos dominando sempre o mais fraco está no âmago da noção nietzschiana de uma **vontade de potência** que sempre se supera[46]. Em Schopenhauer, essa luta dos fenômenos da Vontade é, no fundo, a luta da Vontade com ela mesma, o divórcio (*Entzweiung*) "essencial" da vontade em relação a ela mesma. A **vontade de viver** que, segundo Schopenhauer, é "um esforço sem fim"[47], aparece, em Nietzsche, como a dimensão de uma vida eterna da vontade de potência.

Essa visão jubilosa de um mundo que se supera continuamente, através de uma luta que faz sofrer e que revela o caráter trágico da existência, Nietzsche a ilustrou por meio de um conceito muito pessoal, que nós estudaremos depois: **o dionisíaco**[48].

---

[42] SCHOPENHAUER, Arthur, **MVR**, II, §27, tr. fr., p. 194. – (SW, I, p. 217).

[43] Idem, ibidem.

[44] Eis por que Nietzsche afirma em **GC**, §109: "Guardemo-nos de dizer que a morte é oposta à vida. O vivente é somente uma espécie de morto, e uma espécie muito rara." (Tr. br. Rubens Rodrigues Torres Filho. In: "Os pensadores", p. 207).

[45] SCHOPENHAUER, Arthur, **MVR**, II, §27, op. cit., p. 193. – (SW, I, p. 216).

[46] NIETZSCHE, Friedrich, **Fragmentos póstumos 1885-1887**, 2 [157], tr. fr., p. 144. "O próprio crescimento é uma necessidade de **ser mais**; de um *quale* nasce a necessidade de um aumento de *Quantum* [...]." – (KSA, XII, p. 142).

[47] SCHOPENHAUER, Arthur, **MVR**, II, §29, op. cit., p. 215. – (SW, I, p. 240).

[48] "Eis o meu universo **dionisíaco** que se cria e se destrói eternamente a si mesmo, esse mundo misterioro das volúpias duplas, eis o meu além do bem e do mal, sem objetivo [...]." (Cf. **Fragmentos póstumos 1884-1885**, 38 [12], tr. fr., p. 344). – (KSA, XI, p. 611).

Devemos observar, finalmente, que o conceito de **vontade de potência** em Nietzsche, tal como o expusemos, deve muito à concepção schopenhaueriana de uma vontade que se exprime pela luta e pelo conflito entre seus fenômenos[49]. A grande diferença entre **vontade de viver** e **vontade de potência** deriva do fato que Schopenhauer pronunciou uma acusação contra a vontade, descrita como insaciável e faminta. Buscando, de um modo hedonístico e eudemonístico, uma saída consoladora para a tragédia que descrevera, ele chegou ao conceito de **negação da vontade** (*Willensverneinung*). Essa foi a sua maneira de negar o mundo trágico que retratou.

Nietzsche, por sua vez – com sua noção de **vontade de potência** – não deseja afastar os aspectos terríveis ou sofredores do mundo. Admirando a força da vida e o poder que ela tem de se superar, ele rejeita a resposta hedonística ou eudemonística para o problema do sofrimento. O erro, segundo Nietzsche, é que da doutrina da vontade de viver resulte o postulado da **negação da vontade** – cume eudemonístico e pessimista da metafísica de Schopenhauer.

O conceito de **vontade de potência**, com sua mescla de dor, prazer e força, é uma verdadeira reaparição dos aspectos maiores do conceito de **dionisíaco**.

V. NIETZSCHE CONTRA SCHOPENHAUER

Se Nietzsche sofreu a influência de Schopenhauer com sua visão do caráter **alógico** da existência, se o considerou como um "educador" em matéria de pensamento livre e sem laços institucionais, ele foi no entanto o mais severo crítico de seu mestre pessimista.

---

[49] Friedhelm Decher demonstrou muito bem isso em seu livro **Wille zum Leben-Wille zur Macht, eine Untersuchung zu Schopenhauer und Nietzsche**, pp. 58 a 69. Michael Schwarz, em seu artigo "Nietzsche und Schopenhauer" (In: *Archiv für Geschichte der Philosophie*, 28, pp. 188-189), já observara a influência da metafísica da vontade schopenhaueriana (Livro II do **Mundo**) sobre a doutrina nietzschiana da vontade de potência. (Cf. SCHWARZ, Michael, op. cit., p. 191.)

Acreditamos que o ponto mais agudo da discordância entre os dois pensadores está na oposição nietzschiana à doutrina moral de Schopenhauer. Sabemos que, após ter descrito o **mundo como vontade** (livro II do **Mundo**), Schopenhauer formulou um pensamento muito reativo ao quadro sombrio que pintara. Essa reação pode ser resumida como uma condenação e acusação daquele mundo e uma busca de um outro mundo mais tranqüilo ou mais justo: o mundo da ascese e da negação da vida.

Em **Parerga und Paralipomena** há um texto fundamental sobre essa questão:

> "Que o mundo tenha uma significação física sem significação moral constitui o maior e o mais funesto erro, o erro fundamental, a verdadeira **perversidade** (*Perversität*) do pensamento, e é realmente no fundo também o que a fé personificou sob o nome de Anticristo"[50].

Um mundo entregue à sua dimensão física, fenomênica, aleatória – este é o mundo trágico tal como Nietzsche o concebe.

Há dois grandes alvos na crítica de Nietzsche a Schopenhauer: o conceito de vontade e a moral da piedade, a famosa compaixão (*Mitleid*) schopenhaueriana.

No que se refere à noção schopenhaueriana de **vontade**, pode-se dizer que Nietzsche nega, ao mesmo tempo, uma visão metafísica como a de Schopenhauer e o seu aspecto moral, a negação da vontade. Como diz Clément Rosset:

> "Enquanto Nietzsche dá à vontade um sentido estritamente psicológico – e assim coloca uma relação estreita entre as motivações da vontade e a representação que a inteligência delas dá – Schopenhauer só lhe atribui um sentido metafísico e quase mágico"[51].

A vontade nietzschiana é uma força que sempre se opõe a uma outra força, sendo o combate entre as forças o dinamismo

---

[50] Cf. Schopenhauer, Arthur, "Da Ética" (extrato de **Parerga und Paralipomena**, capítulo VIII, §109, tr. fr., 1988, p. 79. In: **Le sens du destin**). – (SW, V, p. 238).

[51] ROSSET, Clément, **Schopenhauer**, p. 35.

e a essência da vida psíquica e da vida social; daí a afirmação de **Além do bem e do mal**: "em toda parte onde se reconhecem "efeitos", vontade atua sobre vontade"[52]. Isso se aplica tanto ao mundo dito "material" quanto ao mundo das paixões, à "nossa vida instintiva inteira", como diz Nietzsche.

Se, como já vimos, um conhecimento imediato da vontade parece absurdo para Nietzsche é porque ele considera que, em toda parte que há conhecimento, há "falsificação", mediação, imposição de força[53].

Em um fragmento esclarecedor, Nietzsche sintetiza as suas reservas a propósito da concepção schopenhaueriana de vontade:

"Do mesmo modo que é preciso reconhecer como parte integrante do querer a sensação e mesmo vários tipos de sensação, é preciso distinguir aí, em segundo lugar, o **pensamento** – e é necessário abster-se de acreditar que se possa separar esse pensamento da 'volição', fazendo do resíduo o 'querer'"[54].

Mas o aspecto **moral** da vontade também interessa a Nietzsche. A metafísica schopenhaueriana, após ter descrito um mundo regido pela **vontade de viver**, postula a negação da vontade como remédio moral. Nietzsche sublinhou várias vezes o caráter eudemonístico desta proposição:

"A 'negação da vida' como objetivo da vida, objetivo da evolução! A existência como grande estupidez! Uma **interpretação tão louca** é apenas o produto elucubrado de uma **avaliação** da vida segundo os fatores da **consciência** (prazer e desprazer, Bem e Mal)"[55].

Julgar o mundo e a existência segundo "os fatores da consciência", segundo "o prazer e o desprazer" é fazer como se a dor

---

[52] NIETZSCHE, Friedrich, **BM**, §36, Cf. tr. br. Paulo César de Souza, p. 43.
[53] Idem, §16, tr. fr., p. 34. –(KSA, V, p. 29).
[54] Cf. NIETZSCHE, Friedrich, **Fragmentos póstumos 1884-1885**, 38[8], tr. fr., p. 339. – (KSA, XI, p. 606).
[55] Idem. **Fragmentos póstumos 1887-1888**. 10[137], tr. fr., p. 171. – (KSA, XII, p. 534).

inerente à vida fosse um erro, um equívoco. Uma filosofia que pretende ultrapassar a filosofia schopenhaueriana deve ir além dessa visão eudemonista[56].

A posição de Schopenhauer é claramente utilitarista. Ele quer a libertação de um mundo que, para ele, é insuportável. Essa libertação – que é o coroamento de seu pessimismo – se encontra na negação da vontade. Da concepção da vontade em Schopenhauer resulta uma "depreciação da vontade até o esgotamento", segundo Nietzsche, "um grave sintoma de lassitude ou de fraqueza da vontade"[57].

A idéia de que a noção schopenhaueriana de vontade é uma interpretação da vontade enquanto fraqueza nos leva à doutrina da piedade.

Fundamento da moral de Schopenhauer, a compaixão ou a piedade é um alvo favorito da crítica de Nietzsche. Já em seu primeiro livro que estuda (e mina) a nossa concepção de moral, **Aurora** (1881), Nietzsche demonstra o caráter nocivo desse sentimento[58]. A piedade é considerada uma virtude somente do ponto de vista de uma filosofia que nega a vida, diz Nietzsche em **O Anticristo** (1888)[59]. Ele revela, na ação compassiva, não um sentimento de simpatia, de identidade com o ser que sofre, mas um sentimento de prazer "que experimenta aquele que, abrigado da tempestade, contempla o que está submetido a ela"[60].

A compaixão, mola da doutrina moral de Schopenhauer, se opõe – de uma maneira evidente – às características que Nietzsche atribui à vida: crueldade e inexorabilidade.

---

[56] Idem, **BM**, §225.

[57] Cf. NIETZSCHE, Friedrich, **Fragmentos póstumos 1887-1888**. 9[169], tr. fr., p. 93. – (KSA, XII, p. 435).

[58] Idem, **A**, §134. "Em que medida é preciso se preservar da compaixão."

[59] "Ousou-se denominar a compaixão uma virtude (em toda moral **nobre** ela vale como fraqueza); foi-se mais longe, fez-se dela **a** virtude, o chão e origem de todas as virtudes – só que, sem dúvida, e isso é preciso ter sempre em vista, do ponto de vista de uma filosofia que era niilista, que inscrevia a **negação da vida** sobre seu escudo." (Cf. **AC**, §7, tr. br. Rubens Rodrigues Torres Filho, In: "Os pensadores XXXII – **Friedrich Nietzsche**, obras incompletas", p. 356).

[60] Isso na crítica de **Aurora**, §134, Alexis Philonenko faz um penetrante comentário desse texto em **Nietzsche, le rire et le tragique**. pp. 95-96.

"Viver – isto quer dizer: rejeitar sem cessar para longe de si algo que tende a morrer; viver – isto quer dizer: ser cruel e inexorável com tudo o que enfraquece e envelhece em nós e mesmo além"[61].

O filósofo pessimista que concebeu um mundo cruel e que imaginou consolações possíveis ao pesadelo que descreveu se opõe ao filósofo trágico que aprova o caráter potente e "inexorável" da vida. Um, metafísico, supôs um **em si** do mundo que é a vontade enquanto enigma vivido no corpo. O outro, fenomenista como Goethe[62], compreendeu o ser enquanto aparência[63] e se regozija, desde a sua primeira obra – **O nascimento da tragédia** (1872) – com esse mundo-vontade cuja essência é a aparência[64].

Se Schopenhauer se prende a uma concepção negativa da felicidade e do prazer, fazendo da necessidade (e da dor) a senhora de nossa vida[65], Nietzsche, desde o início, é sensível ao "incomensurável e original prazer de existir"[66].

Considerando esse prazer indissociável do caráter doloroso da existência, Nietzsche chegou a uma fórmula que pretende ultrapassar o pessimismo schopenhaueriano: o conceito de dionisíaco:

"[...] Compreendi que o meu instinto aspirava ao oposto daquele de Schopenhauer: a uma justificação da vida, mesmo no que ela tem de mais assustador, de mais equívoco e

---

[61] Cf. NIETZSCHE, Friedrich, **GC**, §26, tr. fr., p. 76. – (KSA, III, p. 400).

[62] "Nietzsche, juntamente com Goethe, pertence a esse quarto tipo de espíritos que dizem: *Natur hat weder Kern noch Schale* (A natureza não tem caroço nem casca). (Cf. ANDLER, Charles, **Nietzsche sa vie et sa pensée**, Tomo I, p. 80.)

[63] "O que é para mim a aparência? Na verdade, não o contrário de alguma essência – e o que posso dizer de qualquer essência, que não equivalha a enunciar os atributos de sua aparência!". (Cf. NIETZSCHE, Friedrich, **GC**, §54, tr. fr., p. 91) – (KSA, III, p. 417).

[64] "Apreende-se aqui a natureza e a particularidade da 'ontologia' nietzschiana, a concepção que Nietzsche faz do ser ... ela consiste na doutrina de um ser inteiramente presente em seu próprio parecer." ROSSET, Clément, **La force majeure**, p. 61.

[65] Cf. SCHOPENHAUER, Arthur, **MVR**, IV, §58.

[66] NIETZSCHE, Friedrich, **NT**, §17, tr. fr., p. 115. – (KSA, I, p. 109).

de mais mentiroso: para isso dispunha de minha fórmula 'dionisíaca'"[67].

VI. O HOMEM DIONISÍACO

O conceito nietzschiano de "dionisíaco" pode ser considerado "o pensamento essencial" de seu primeiro livro, **O nascimento da tragédia** (1872). Essa noção, que alia o conhecimento do caráter trágico da vida à sua recepção alegre e robusta, é, indubitavelmente, o que Nietzsche produziu de mais agudo, de mais potente para se opor ao pensamento pessimista e desencantado de Schopenhauer.

O dionisíaco é não apenas o conceito que guia a sua filosofia trágica, mas talvez o único conceito nietzschiano que percorre toda a sua obra, podendo ser encontrado desde a sua origem, em **O nascimento da tragédia**, até os fragmentos do último período de sua vida.

Devemos, antes de tudo, situar a origem desse conceito. Qual é a importância de **O nascimento da tragédia**?

Diferentemente das obras aforísticas de Nietzsche, **O nascimento da tragédia** exibe uma singular construção expositiva. O seu tema principal, o seu pretexto, é analisar a aparição, o desenvolvimento e a desaparição da tragédia ática, obra de arte superior dos antigos, que surge transfigurando a matéria-prima das epopéias e dos poemas gregos: os mitos. Nietzsche, aparentemente, realiza obra de especialista investigando a origem religiosa, dionisíaca da arte trágica. Mas a sua ambição é maior: ele quer elaborar uma **filosofia trágica da existência** como alternativa ao cristianismo que torna o mundo culpado desde o primeiro homem. Nietzsche encontrou na figura de Dionísio, deus grego de origem oriental, o contraponto ao cristianismo que tanto marcou a sua infância.

---

[67] NIETZSCHE, Friedrich. **Fragmentos póstumos 1887-1888**. (32)9[42]. tr. fr., p. 31. – (KSA, XII, pp. 354-355).

A tragédia ática, nascida de antigos ritos a Dionísio, é a ocasião para o jovem Nietzsche desenvolver a sua visão trágica da existência que os gregos, segundo ele, formularam. Dois deuses helênicos, Apolo e Dionísio, são chamados "impulsos artísticos da Natureza"; relacionados aos conceitos estéticos de **belo** e de **sublime**, eles articulam uma psicologia da arte nova e reveladora.

O grande tema do livro, o **trágico**, é colocado sob o prisma de uma filosofia estética e pessimista. Mas o novo **pessimismo dos fortes** não é um pessimismo de negação da vida, mas um pessimismo trágico que aceita a existência e a sua dolorosa verdade dionisíaca: a morte e o sofrimento.

Esse novo pensamento existencial enuncia uma verdade paradoxal e salutar: "a alegria deve ser buscada não na harmonia, mas na dissonância"[68]. Os termos musicais não são fortuitos. A música, alma da tragédia na figura do coro, é compreendida como expressão da essência do mundo. E o mundo, em sua essência – como diz Schopenhauer – é uma dor sem fim. O aspecto hamletiano de que fala **O nascimento da tragédia** está aí presente. Um mundo sem redenção, este é o mundo trágico.

A particularidade de Nietzsche é a de ter ligado o pessimismo "à robustez, à força vital, ao instinto de vida"[69]. Segundo ele, a fonte da alegria é o pessimismo.

Sente-se que Nietzsche deseja estabelecer uma diferença capital entre o seu pessimismo e o de seu mestre Schopenhauer. Ele considera o seu pessimismo como "clássico" e o opõe ao "pessimismo romântico" de Schopenhauer.

> "Sobre **O nascimento da tragédia** – esta nova maneira de conceber os gregos é o que distingue este livro: nós já evocamos os seus dois outros méritos – uma nova concepção da arte [...] assim como a concepção do **pessimismo**, um pessimismo da força, um pessimismo **clássico**: o termo 'clássico' sendo aqui utilizado como uma designação não

---

[68] ROSSET, Clément, **La philosophie tragique**, Paris, ed. PUF, 1960, p. 50.
[69] Idem, ibidem.

histórica, mas psicológica. A antítese do pessimismo de Schopenhauer [...]"[70].

Deixando de lado a distinção estética entre clássico e romântico (que trataremos no capítulo seguinte), o que nos chama atenção aqui é a maneira pela qual Nietzsche considera a sua visão trágica como uma resposta ao pessimismo schopenhaueriano.

A tragédia, uma arte dionisíaca, "quer nos persuadir do prazer eterno da existência"[71]. O homem dionisíaco, que é em Nietzsche um sinônimo para o homem trágico, é apresentado, no §7, como aquele que vê que "a vida, no fundo das coisas, apesar do caráter mutável dos fenômenos, é indestrutivelmente poderosa e cheia de alegria"[72]. Apesar, ou melhor, por causa do sofrimento inerente à vida, ele a afirma.

É por causa disso que Clément Rosset sublinha o caráter "indispensável" do trágico: "o trágico é primeiramente o que nos permite viver [...] é o instinto de vida por excelência"[73]. Uma vida na dissonância prazer/dor, uma vida trágica sem redenção e sem escapatória, esta é a "vida eterna, o eterno retorno da vida" de que fala Nietzsche em **Crepúsculo dos ídolos**[74]. É muito significativo que ele termine esse livro de 1888 com o pensamento essencial do dionisíaco:

> "A aquiescência à vida, até em seus problemas mais afastados e mais árduos; o querer-viver sacrificando alegremente os seus tipos mais realizados para a sua própria e inesgotável fecundidade – é tudo **isto** o que chamei dionisíaco [...]"[75].

---

[70] NIETZSCHE, Friedrich, **Fragmentos póstumos 1888-1889** 14 [25], tr. fr., p. 35. – (KSA, XIII, p. 229).

[71] Idem, **NT**, §17, tr. fr., p. 115. – (KSA, I, P. 109).

[72] Idem, §7, p. 69. – (KSA, I, p. 56).

[73] ROSSET, Clément, **La philosophie tragique**, p. 49.

[74] "Para que haja o eterno prazer de criar, para que a vontade de vida se perpetue em uma alegre aceitação, é **preciso** também que haja eternamente 'as dores da parturiente' [...] Eis tudo o que significa a palavra Dionísio [...]." (NIETZSCHE, Friedrich, **CI**. "o que devo aos Antigos", §4, tr. fr., p. 151. – (KSA, VI, p. 159).

[75] Idem. – (KSA, VI, p. 160).

VII. VISÃO PESSIMISTA E VISÃO TRÁGICA

Em um texto fundamental de Schopenhauer, **Sobre a necessidade metafísica da humanidade** (capítulo XVII dos suplementos ao livro primeiro do **Mundo**), encontramos uma importante descrição do momento em que o homem desperta para a reflexão filosófica. Se o homem fosse apenas um animal como os outros, ele viveria em um mundo não-problemático. O animal cujo "olhar calmo" exprime "a sabedoria da natureza"[76] vive em um mundo sem assombro. É o assombro que faz do homem "um animal metafísico".

De onde vem esse assombro humano? Segundo Schopenhauer, da compreensão do caráter "acidental" do mundo. O mundo se torna um motivo de assombro para o homem quando nos chocamos com a questão da dor:

> "O assombro filosófico é, portanto, no fundo, uma estupefação dolorosa; a filosofia começa, como a abertura de **Don Juan**, por um acorde menor. De onde resulta que a filosofia não deve ser nem spinozista nem otimista"[77].

O espetáculo da dor e do "mal moral" no mundo afasta Schopenhauer de uma alegre aceitação da existência: o horror diante da realidade da dor – é esta, sem nenhuma dúvida, a explicação para a opção pessimista de Schopenhauer. A sua **visão pessimista** considera que a dor é um escândalo, uma perturbação que deveria ser eliminada. A presença da dor no mundo é a prova de que este mundo não merece ser aprovado.

A idéia fixa de Schopenhauer é a felicidade, uma felicidade quase inumana, uma felicidade absoluta. Ora, na **visão trágica** de Nietzsche, deve-se "como preço de uma vida que merece ser vivida, querer o sofrimento mesmo, e não buscar a felicidade,

---

[76] SCHOPENHAUER, Arthur. **MVR**. tr. fr., p. 851. – (SW, II, p. 206).

[77] Idem. p. 865. – (SW. II. p. 222).

encontrar em uma felicidade consubstancial a força para suportar até o sofrimento extremo"[78].

Essa **visão** ou **sabedoria trágica** aceita a dor como "uma parte essencial de toda existência"[79].

A filosofia de Nietzsche supõe, como ponto de partida, a "estupefação dolorosa" de que fala Schopenhauer. O sofrimento é o *a priori* de toda filosofia do tipo existencial como a de Nietzsche ou a de Schopenhauer. O ser que se interroga, que pensa o mundo como assombro, é um ser que sente a sua fragilidade, a sua ausência de necessidade, o seu caráter contingente.

Schopenhauer, com sua descrição do momento doloroso do assombro filosófico, lançou as bases de uma filosofia amarga e angustiante, a **filosofia pessimista**. Nietzsche, por sua vez, com sua fórmula dionisíaca, encontrou uma alternativa para a figura do sábio que deseja "viver menos e o menos possível [...] encontrar a felicidade na apatia, na indiferença, na abstenção [...]"[80]. O seu homem dionisíaco é um sábio trágico; ele tem "a volúpia de viver segundo a lógica da vida, a da vontade de potência"[81].

VIII. ALEGRIA E TRISTEZA NA FILOSOFIA

Podemos falar da **alegria** e da **tristeza** como símbolos, respectivamente, do pensamento trágico de Nietzsche e do pensamento pessimista de Schopenhauer.

No **Mundo**, §67, há uma interpretação filosófica das lágrimas muito interessante. Schopenhauer, ao mesmo tempo em que diz que "as lágrimas, como o riso, são um dos sinais exteriores

---

[78] Cf. CONCHE, Marcel, "Nietzsche et le Bouddhisme", In: **Le cahier nº 4 du CIPH**, p. 125.
[79] NIETZSCHE, Friedrich, **Fragmentos póstumos 1884-1885**, 39 [16], tr. fr., p. 360. – (KSA, XI, p. 626).
[80] CONCHE, Marcel, op. cit., p. 125.
[81] Idem, ibidem.

que distinguem o homem do animal"[82], associa o fenômeno do pranto à idéia de compaixão. Ele diz que, "nessa estranha convulsão", choramos, ao olhar o mal do outro, "com piedade de nós mesmos".

A filosofia pessimista coloca as lágrimas a serviço de sua visão melancólica do mundo[83]. Schopenhauer fala do "espetáculo de uma morte" quando os homens choram por causa da sorte da humanidade inteira, "da humanidade condenada por antecipação a um fim que apagará toda uma vida sempre tão cheia de esforços, às vezes tão cheia de atos, e que a colocará no nada"[84]. As lágrimas, segundo Schopenhauer, exprimem sobretudo o sentimento de piedade, o fundamento de sua moral altruísta.

Mas se as lágrimas escondem um segredo moral, a **tristeza** representa a visão desiludida que procede de uma "consciência desinteressada da vaidade de todos os bens e do sofrimento inerente a toda vida, não apenas à sua própria"[85]. A tristeza "silenciosa" é louvada por Schopenhauer como sinal de um espírito que vive a resignação como a única atitude diante da infelicidade essencial da vida.

A tristeza não é, em um pessimista, um sentimento passageiro: é o sinal de uma visão da existência, a marca tangível da melancolia impotente ante o mundo mau.

Nobreza e grandeza, em um pessimista, se exprimem po "uma tristeza resignada"[86]. Eis por que ele poderia dizer: "é necessariamente vulgar tudo o que é isento de uma ponta de fúnebre"[87].

---

[82] SCHOPENHAUER, Arthur, **MVR**, IV, §67, tr. fr., p. 473. – (SW, I, p. 512).

[83] IMMANUEL KANT, em **Antropologia do ponto de vista pragmático** (1798), vê um papel salutar no fenômeno do pranto: "O pranto, respiração (convulsiva) aumentada por soluços, se é acompanhado por lágrimas, manifesta, por seu papel lenitivo (*schmerzlinderndes*), uma precaução da natureza com a nossa saúde." (Cf. KANT, Immanuel, **Antropologia**, tr. fr., p. 117; edição alemã: **Kant werke**, volume 10, *Wissenschaftliche Buchgesellschaft Darmstadt*, 1983, p. 595).

[84] SCHOPENHAUER, Arthur, **MVR**, IV, §67, tr. fr., p. 475. – (SW, I; p. 513).

[85] Idem, **MVR**, IV, §68, tr. fr., pp. 496-497. – (SW, I, p. 538).

[86] SCHOPENHAUER, Arthur, **MVR**, IV, §68, tr. fr., p. 497. – (SW, I, p. 538).

[87] Cf. CIORAN, E.M., **Ècartèlement**, p. 121.

O privilégio da tristeza na filosofia pessimista é o oposto do culto à alegria caro à filosofia trágica. Nietzsche, que sempre exprimiu com ênfase a aliança "entre a infelicidade e a felicidade, entre o trágico e o jubiloso, entre a experiência da dor e a afirmação da alegria"[88], criou – com a noção de "gaia ciência"[89], uma identidade entre filosofia e alegria. Como explica Clément Rosset:

> "A alegria nietzschiana não é um mero assunto de psicologia mas implica um conhecimento no sentido mais intelectual e teórico do termo"[90].

A visão trágica ou dionisíaca se torna uma "gaia ciência" ao aceitar (e também conhecer) o caráter "insignificante" e sofredor da existência. A sua força é a **alegria** que vem celebrar os encantos de um mundo tão rico e tão paradoxal que nele a felicidade possível está sempre misturada com um sentimento do trágico.

Na obra nietzschiana, o tema da **alegria**[91] e, mais ainda, do **riso**, tem um lugar especial. Em **O nascimento da tragédia**, ele fala de uma "alegria primordial"[92] no seio da essência sofredora do mundo. É que o pensamento trágico é inseparável dessa jubilação, dessa alegria diante do simples fato de existir.

Alexis Philonenko mostra, em seu livro **Nietzsche, le rire et le tragique**, como a presença do riso, em Nietzsche, visa a eliminação da melancolia[93], signo do pessimismo. O riso "conso-

---

[88] ROSSET, Clément, **La force majeure**, p. 42.

[89] A expressão **A gaia ciência** deriva de uma frase do provençal, "**La gaya scienza**", que se refere à cultura e à poesia dos trovadores medievais. Ela significa, como diz Nietzsche, alegria, exuberância, leveza, graça...

[90] Cf. ROSSET, Clément, **La force majeure**, p. 67.

[91] Henri BIRAULT, em uma conferência célebre, analisa o tema da "beatitude" em Nietzsche. Identificando esta palavra com a **alacridade** ou com a **alegria** no sentido nietzschiano, Birault sublinha o seu caráter afirmativo e trágico: "O homem bem-aventurado fez as pazes com a realidade. Ele é feliz **do** que é e **com** o que é, isto é, para Nietzsche, com a própria brevidade do instante que passa." (*De la Béatitude chez Nietzsche*, In: **Nietzsche – cahiers de royaumont**, p. 27.)

[92] NIETZSCHE, Friedrich, **NT**, §22, tr. fr., p. 144. – (KSA, I, p. 141).

[93] PHILONENKO, Alexis, **Nietzsche, le rire et le tragique**, p. 88: "A consolação fundamental é aquela que, pela mediação do riso, elimina a melancolia."

la", diz ele, traz uma liberdade de se afastar do "espírito do peso"[94], metáfora de Nietzsche para todo pensamento oposto a sua filosofia trágica entre os quais o pensamento schopenhaueriano.

A alegria nietzschiana não é expressa por um riso barulhento, pesado. Um aforismo de **O andarilho e sua sombra** demonstra que a alegria, em Nietzsche, se manifesta por uma serenidade risonha que reconhece os indestrutíveis encantos da vida:

> "Quanto mais o espírito se torna alegre e seguro, mais o homem perde o hábito do riso sonoro; em compensação nele nasce ininterruptamente um sorriso espiritual, sinal do maravilhamento que encontra nos inúmeros encantos **ocultos** desta longa existência"[95].

IX. O HOMEM NOBRE

Podemos identificar, na visão do homem em Nietzsche, uma dupla perspectiva: de um lado, ele fala do **homem em geral**, dessa espécie particular que possui a razão e a dissimulação como instrumentos, como meios de sobrevivência e de conservação de si. Sob esse ângulo, o homem é um "animal complexo, mendaz, artificial, intransparente, e para os outros animais inquietante, menos pela força que pela astúcia e inteligência [...]"[96]. A imagem do homem, desse ponto de vista, é marcada por uma diferença apenas pragmática com relação aos outros animais.

Mas há uma outra perspectiva sob a qual Nietzsche considera o homem: a perspectiva **hierárquica**. Fazendo de uma comparação entre tipos humanos a mola de sua própria visão ética, o filósofo chega à definição do **homem nobre**. A idéia de uma

---
[94] NIETZSCHE, Friedrich, **ZA**, III. tr. fr., p. 93. – (KSA, IV, p. 241).
[95] Idem, **AS**, In: **HHI II**, §173, tr. fr., p. 319. – (KSA, II, p. 626).
[96] NIETZSCHE, Friedrich, **BM**, §291. (Cf. tr. br. Paulo César de Souza, p. 194.)

superioridade, de uma diferença de grau entre os homens, representa – em Nietzsche – a possibilidade de atitudes diversas com relação à existência.

As virtudes que ele enumera ao longo do capítulo nono de **Além do bem e do mal** caracterizam o homem nobre ou aristocrata: dureza para consigo mesmo, aceitação da luta como essencial à vida e, sobretudo, aprovação do sofrimento como experiência vital. O **homem vulgar** ou **gregário** representa as qualidades opostas: "animal doente"[97], segue uma "moral de utilidade"[98]. O sofrimento inerente à vida deve, segundo ele, ser aliviado por escolhas existenciais que busquem uma vida sem dor, uma vida ideal em que os traços cruéis desapareceriam. Esse "homem-animal doméstico" busca a felicidade e ignora a opção heróica daquele que escolheu viver o sofrimento sem medo das tensões de uma vida robusta.

Quando Nietzsche fala de uma "aristocracia", quando imagina um tipo humano que não se contentaria em viver uma vida eudemonística, utilitária, ele encontra uma imagem humana que exprimiria a superabundância da vida.

Diante de sua condição inevitavelmente animal, o homem é prisioneiro de suas necessidades pragmáticas. Diante do fenômeno decisivo da dor, o homem deve fazer uma escolha afetiva: aceitar alegremente a dimensão mutável da vida, olhar a existência como um jogo justo e inocente[99] ou defender um julgamento moral da existência, buscando um remédio para o seu caráter caótico e doloroso.

A idéia do **homem nobre** em Nietzsche é apresentada como inteiramente afastada do tipo moral que julga a vida segundo critérios utilitários. Há traços de heroísmo na opção trágica de Nietzsche, como há também uma profunda compreensão da natureza paradoxal do homem:

---

[97] NIETZSCHE, Friedrich, **AC**, §3. p. 162. – (KSA, VI, p. 170).
[98] Idem, **BM**, §260. (Cf. tr. br. Paulo César de Souza, p. 174). – (KSA, V, p. 211.)
[99] Idem. **FT**. §VII.

"[...] No homem há matéria, fragmento, abundância, lodo, argila, absurdo, caos; mas no homem há também criador, escultor, dureza de martelo, deus-espectador e sétimo dia"[100].

Veremos, no capítulo seguinte, como Nietzsche encontra na atividade artística a celebração do caráter trágico da vida.

---

[100] NIETZSCHE, Friedrich, **BM**, §225. (Cf. tr. br. Paulo César de Souza, pp. 131-132). – (KSA, V, p. 161.)

CAPÍTULO TERCEIRO

A VISÃO DA ARTE SEGUNDO SCHOPENHAUER E SEGUNDO NIETZSCHE

A dimensão estética é essencial tanto no pensamento de Schopenhauer quanto no de Nietzsche. Ela estabelece um terreno comum no qual a arte dá uma resposta singular à questão da existência. Schopenhauer encontra na arte um calmante para agir sobre a vontade cega e opressiva; Nietzsche, por sua vez, conceberá uma imagem da arte toda repleta de força e de afirmação vital; para ele, ela é um estimulante da vida, uma maneira de homenagear a onipotência da vida.

O pessimismo schopenhaueriano concebe a arte como uma **via de salvação**, como uma liberação (provisória) da servidão do querer-viver. A filosofia de Nietzsche considera a arte como um modo de dizer **sim** à vida, de celebrar a existência através das ficções estéticas. Nessas duas visões podemos reconhecer uma concepção superior do homem. O artista, ou mesmo o homem capaz de contemplação estética, se situa em um lugar mais elevado do que o homem ordinário, preso às necessidades utilitárias. Daí a importância do ponto de vista estético como perspectiva privilegiada do homem.

I. ARTE E ASCESE EM SCHOPENHAUER

1. *A contemplação estética*

"A arte é a contemplação das coisas independente do princípio de razão"[1]. A célebre definição de Schopenhauer nos

---

[1] SCHOPENHAUER, Arthur, in **MVR**, III, §36, tr. fr., p. 239. – (SW, I, p. 265).

introduz no âmago de sua estética. Filosofia da arte dependente de uma reflexão global sobre a vida e sobre o homem, essa doutrina está centrada na idéia de **contemplação**.

Como vimos no primeiro capítulo, segundo Schopenhauer o homem está condenado a viver uma existência comandada por uma Vontade inconsciente que lhe é estranha. Essa força onipresente exige uma satisfação impossível e condena-o a um eterno retorno da impotência: a cada dia a dor de viver se renova e quando cessa caímos em um pântano afetivo, o tédio, o tempo que se prolonga, que custa a passar. A condição humana, segundo Schopenhauer, constitui uma imagem sombria, colorida apenas pelos espasmos da dor e pela maquinal reincidência do tédio.

A doutrina estética de Schopenhauer tem como pano de fundo essa concepção antropológica angustiante. O mundo é repetição, ora angustiante, ora tediosa, da Vontade que nos domina. Viver em um mundo assim, "semelhante aos dramas de Gozzi"[2], é ser ator de uma peça absurda e sufocante, é obedecer cegamente às ordens da Vontade.

Mas, segundo Schopenhauer, existe uma alternativa para essa situação de escravidão: é a passagem do estado de ator ao de espectador. Trata-se da **etapa estética**. Se, na vida absurda, as funções da representação (intelecto) estão subordinadas à Vontade, na **contemplação estética** a relação se inverte: a vontade fica a serviço da representação. O mundo que era vivido, e de forma angustiosa, é agora contemplado, posto entre parênteses. Essa relação distanciada é o que Schopenhauer chama **o mundo como representação**, título do livro III de sua obra principal, **O mundo como vontade e representação**.

O livro III do **Mundo** representa o momento mais calmo e "risonho" da obra schopenhaueriana. Após a descrição amarga e implacável do **mundo como vontade** (livro II), "subitamente o humor se torna mais leve, de repente há algo a celebrar (a arte) em vez de deplorar (a vida)"[3]. Essa mudança de humor, ou de

---

[2] Idem. **MVR**. III, §35, tr. fr., p. 237. – (SW, I, p. 263).

[3] YOUNG, Julian. *Willing and unwilling: a study in the philosophy of Arthur Schopenhauer*. p. 81.

clima, acontece quando a matéria pessimista do livro II exiga uma resposta, uma libertação qualquer. O próprio Schopenhauer observa que o livro III "se intercala", como um momento quase independente de seu pensamento, entre as duas graves reflexões dos livros II e IV do **Mundo**:

> "As considerações com as quais se encerra este segundo livro já anunciam nitidamente o grave assunto do quarto; elas teriam me permitido passar logo para ele se meu plano não me obrigasse a começar por **intercalar** [destaque nosso] um segundo estudo do mundo como representação, tema mais risonho de nosso terceiro livro"[4].

O livro III do **Mundo** constitui, portanto, uma pausa, um momento especial da filosofia de Schopenhauer; momento que designa o que ele chamou, em seus cadernos manuscritos, a **consciência melhor**[5].

2. *A arte consoladora*

As idéias de Schopenhauer sobre a arte e sua função redentora e consoladora se encontram, sobretudo, no livro III do **Mundo**. São, ao todo, duzentas páginas, incluindo os suplementos ao livro III da segunda edição. Excetuando-se alguns textos breves de sua obra tardia, **Parerga und Paralipomena**[6], temos o essencial dessa doutrina estética fixado desde 1819, quando o filósofo tinha 26 anos de idade[7].

---

[4] SCHOPENHAUER, Arthur, in **MVR**, capítulo XXVIII dos suplementos ao livro II do **Mundo**, tr. fr., p. 1087. – (SW, II, p. 466).

[5] Cf. SAFRANSKI, Rüdiger, **Schopenhauer et les années folles de la philosophie**, p. 275.

[6] Os dois volumes de ***Parerga und Paralipomena*** foram publicados em 1851. Os textos que têm uma relação direta com a questão estética são: "Sobre a metafísica do belo e a estética" e "Escritores e estilo", capítulos XIX e XXII do volume 2, respectivamente.

[7] Clément Rosset observa que as influências externas na elaboração da Estética de Schopenhauer são pequenas. Se o filósofo conhecia a **Crítica da faculdade do juízo** de Kant, publicada em 1790, e alguns textos estéticos de Schiller, a famosa série de cursos de Hegel sobre o tema só começou a ser ministrada em 1818. Já que a obra fundamental de Schopenhauer foi composta entre 1814 e 1818, a relação com a Estética de Hegel não pôde ocorrer. Rosset acentua que, dada a oposição de Schopenhauer às idéias do mestre

No livro III se encontra a primeira etapa da liberação (*Erlösung*) com relação à Vontade: a etapa estética. Liberação efêmera e frágil, porque Schopenhauer considera que a renúncia definitiva ao mundo (ou à Vontade) acontecerá apenas no domínio **ético**, quando o santo ou o asceta alcançarem o que denomina "a supressão da vontade por ela mesma"[8], ou a negação absoluta da vontade de viver.

O momento estético representa a **consolação positiva** que Schopenhauer oferece ao homem que vive sob o império do tempo e da dor. Sublinhando o lugar de uma **consciência contemplativa**, Schopenhauer quer nos fazer "viver a eternidade", saborear alguns momentos tranqüilos fora do inferno da vontade.

A etapa estética não é uma renúncia definitiva ao mundo. É, antes, uma pausa temporária, um momento de suspensão frágil em que "o sujeito cognoscente puro, liberto da vontade, da dor e do tempo"[9], "arranca o objeto de sua contemplação da corrente fugidia dos fenômenos"[10]. O mundo, constituído de fenômenos presos na sucessão e no espaço, é visto *sub aeternitatis specie*, do ponto de vista da eternidade[11]. Esse mundo contemplado com desinteresse, livre da pressão da Vontade, é o mundo eterno das Idéias.

A arte, segundo Schopenhauer, é a contemplação desinteressada das coisas em sua essência, isto é, contemplação das Idéias. O prazer estético está fundado na contemplação das Idéias, que são as objetivações mais puras da coisa-em-si. No estado estético, estado de exceção, o homem (ou **o gênio**, que é a forma

---

de Dialética, mesmo que houvesse conhecido a sua teoria estética. "Schopenhauer não teria modificado uma linha de seu texto". (ROSSET, Clément. **L'Ésthétique de Schopenhauer**. p. 17.)

[8] **MVR**, §70, IV. tr. fr., p. 506. – (SW, I, p. 549).

[9] **MVR**, III, §34, tr. fr., p. 231. – (SW, I, p. 257).

[10] **MVR**, III, §36, tr. fr., p. 239. – (SW, I, p. 265).

[11] Schopenhauer se refere à frase de Spinoza, *mens aeterna est, quatenus res sub aeternitatis specie concipit* (o espírito é eterno, na medida em que concebe as coisas do ponto de vista da eternidade) **Ética**, Livro V, proposição 31, escólio. Cf. **MVR**, III, §34, tr. fr., pp. 231-232. – (SW, I, p. 258).

superior e acabada da humanidade) se torna "sujeito puro de conhecimento", e o mundo se revela transparente espelho da Vontade, da coisa-em-si segundo Schopenhauer. Daí a fórmula: a arte nos apresenta "um claro espelho do ser do mundo"[12].

A noção de **idéia**, na filosofia de Schopenhauer, se opõe à noção de **conceito**. O conceito tem uma função somente utilitária: ele conhece as relações entre os objetos mas não os objetos eles mesmos. Os conceitos visam ao conhecimento dos objetos presos na rede do tempo e do espaço, logo, no mundo fenomênico. A noção de **idéia** ocupa um lugar intermediário entre a coisa-em-si e o fenômeno. Ela é um **modelo**, uma pura representação não particular do mundo.

A contemplação estética, segundo Schopenhauer, designa esse nível de consciência (**estético**) que não tem mais nenhuma relação com a consciência ordinária, submetida a suas funções utilitárias e aos interesses da Vontade. Contemplar, para Schopenhauer, é escapar por alguns instantes da submissão ao mundo **mau** da vontade. É um alívio, uma visão quase **otimista** do mal de viver. É por isso que Marc Sherringham afirma:

> "Schopenhauer atribui à arte a mesma missão que atribui à santidade ascética e à filosofia pessimista, isto é, a libertação da ilusão que constitui o mundo da representação, a manifestação de sua essência profunda que é o desejo e, enfim, a libertação da servidão do querer-viver graças à contemplação"[13].

3. *Poesia e tragédia*

Segundo Schopenhauer, cada arte corresponde a um grau determinado de objetivação da vontade. Assim, de um modo hierárquico, a arquitetura se encontraria no nível mais baixo (o da matéria) e a tragédia, o verdadeiro cume da arte em Schopenhauer, no nível mais elevado.

---

[12] **MVR**, III, §36, tr. fr., p. 240. – (SW, I, p. 266).
[13] SHERRINGHAM, Marc. **Introduction à la philosophie esthétique**, p. 244.

O interessante, na classificação schopenhaueriana das belas-artes, é que ele aplica a sua visão do homem e as suas reflexões sobre a afirmação e a negação da vida ao terreno estético[14]. À medida que uma arte se afasta das forças naturais, à medida que invoca a atividade e o pensamento humanos, ela adquire, segundo ele, títulos de nobreza.

Ele considera que a **poesia** é superior às outras artes porque exprime o homem, já que seu "objetivo elevado" é "a pintura do homem na série contínua de suas aspirações e de suas ações"[15]. O pensamento humano, o modo que tem o homem de representar conceitualmente tanto o universo quanto os seus sentimentos, eis o que caracteriza o **domínio poético**. E, na poesia, a **tragédia** é o gênero superior, aquele que exprime a própria existência.

O §51 do **Mundo**, aquele que trata do poeta e da poesia, é importante por causa desta afirmação de Schopenhauer: "o homem é o objeto principal da poesia"[16]. A arte poética nos abre "pontos de vista profundos sobre a natureza íntima da humanidade"[17]. O poeta, diz Schopenhauer, contrariamente ao historiador, "apreende a essência da humanidade, fora de toda relação, fora do tempo"[18]. Ele apreende **a idéia da humanidade**.

O papel que Schopenhauer atribui à **tragédia**, em sua análise da poesia, é capital. A tragédia, segundo ele, é "o mais elevado dos gêneros poéticos"[19].

O seu objeto é "o lado terrível da vida, as dores sem nome, as angústias da humanidade, o triunfo dos perversos [...]; nela encontramos um símbolo significativo do mundo e da existência"[20].

---

[14] Isso se torna visível em sua análise da escultura e da pintura. Arte grega por excelência, a escultura é "uma arte de afirmação do mundo cujo ideal é resolutamente antigo e pagão". A pintura, ao contrário, é "uma arte essencialmente religiosa que exprime a negação da vida". (SANS, Édouard, **Schopenhauer**, p. 46).

[15] **MVR**, III, §51, tr. fr., p. 313. – (SW, I, p. 342).

[16] Idem, ibidem. – (SW, I, pp. 341-342).

[17] Idem, ibidem. – (SW, I, p. 342).

[18] Idem, ibidem, p. 314. – (SW, I, p. 343).

[19] Idem, ibidem, p. 323. – (SW, I, p. 353).

[20] Idem, ibidem.

Schopenhauer se entusiasma pela tragédia porque ela exibe um mundo tão sombrio quanto o que ele descreveu no livro II do **Mundo**. Ele chega a empregar o vocabulário próprio de sua filosofia para designar a essência da tragédia: "é a vontade lutando consigo mesma, em todo o horror de tal conflito"[21]. São as mesmas palavras que utiliza para definir a essência sofredora da Vontade.

A diferença, e ela é grande, é que a tragédia é **arte, mimesis, símbolo**. Pintando "o espetáculo de um grande infortúnio"[22], as tragédias (Schopenhauer as cita desde o **Édipo-rei** de Sófocles até Shakespeare) mostram, pela via artística, o caráter **mau** ou sombrio da existência em geral.

Schopenhauer se refere ao dramaturgo espanhol e cristão Calderon de la Barca (1600-1681) e à sua obra **La vida es sueño**, elaborando assim uma concepção pessimista da tragédia. Metafísico, ele diz que o herói trágico "não expia os seus pecados individuais, mas o pecado original, isto é, o crime da própria existência"[23].

Quando Schopenhauer utiliza Calderon, e seu *"el delito mayor de l'hombre es haber nacido"*[24], encontra um parentesco entre a sua visão pessimista e o espírito trágico. Seu mundo angustiante, regido por uma Vontade cega, combina com a fatalidade imperiosa que rege o destino dos heróis trágicos.

Ele louva, além disso, a renúncia à vida como prova do caráter nobre do herói trágico. Em um texto tardio, que faz eco ao §51 do **Mundo**, Schopenhauer afirma que, na tragédia,

> "A miséria da existência nos é apresentada e o resultado final é a vaidade de todo esforço humano. Nos sentimos profundamente comovidos [...] A renúncia à vontade de viver é despertada em nós"[25].

---

[21] Idem, ibidem.
[22] Idem, ibidem, p. 325. – (SW, I, p. 355).
[23] Idem, Ibidem. – (SW, I, p. 354).
[24] Calderón de la Barca, **La vida es sueño**, p. 176.
[25] SCHOPENHAUER, Arthur. **P**. volume II, capítulo XIX, §227. Cf. tr. ing., p. 439. – (SW, V, p. 518).

A visão schopenhaueriana da tragédia é importante porque se harmoniza com a sua filosofia pessimista. A tragédia, segundo ele, é uma demonstração da crueldade da existência e um verdadeiro estimulante para a resignação, isto é, para a negação da vida[26].

Em sua descrição da vida como um "pesadelo esmagador", a tragédia incita à libertação, à redenção:

> "o mundo, a vida são impotentes para nos dar alguma satisfação verdadeira e são, por conseguinte, indignos de nosso apego; tal é a essência do espírito trágico; ele é portanto o caminho da resignação"[27].

Veremos depois, na visão de Nietzsche, como a arte trágica pode oferecer uma imagem mais **afirmativa** da existência humana.

4. *Um exercício de metafísica inconsciente*

No §52 do **Mundo** encontra-se a célebre filosofia schopenhaueriana da música. Ela é importante por causa do privilégio, desconhecido até então na literatura filosófica, que dá à música sobre as outras formas artísticas.

Essa exaltação da música é uma novidade estética. Leibniz via na música apenas uma relação matemática, "um exercício de aritmética inconsciente, no qual o espírito não sabe que conta"[28]. Mas Schopenhauer lhe dá uma dimensão reveladora. A música, diferentemente das outras artes, não seria representação da

---

[26] Devemos apenas observar que Schopenhauer considera "a tragédia moderna bem superior a dos antigos". A razão, segundo ele, é que "os heróis trágicos da Antiguidade se submetem com constância aos golpes inevitáveis do destino, enquanto a tragédia cristã nos oferece o espetáculo da renúncia completa ao querer-viver". (**MVR**, capítulo XXXVII dos suplementos ao livro III intitulado "Da estética da poesia", tr. fr. p. 1172). – (SW, II, p. 557).

[27] Idem, ibidem. – (SW, II, p. 557).

[28] *Exercitium arithmeticae occultum nescientis se numerare animi.* Cf. *Viri illustris G.G. Leibnitii epistolae ad diversos*, ed. Kortholt, Leipzig, 1734, I, 241 (carta 154 a Christian Goldbach de 17-4-1712). A frase de Leibniz é citada por Schopenhauer no §52 do **Mundo**, tr. fr., p. 327. – (SW, I, p. 357).

Idéia, mas uma expressão da própria Vontade em si. Se as outras artes exprimem a Vontade através da Idéia, a música a exprime de maneira correlata às Idéias, isto é, **diretamente**.

A música seria, assim, paralela às Idéias; seria uma forma de arte **imediata** que exprime unicamente o bem-estar e a dor, as únicas realidades válidas para a Vontade. Sendo uma arte metafísica e imediata, a música é **explicação do mundo** ou, para utilizar as palavras do jovem Schopenhauer, "a música é a melodia cujo texto é formado pelo mundo".

Nas páginas sobre a música, "as mais impressionantes de sua obra"[29], Schopenhauer a apresenta como excluída da hierarquia das artes. Rival do mundo, a música nos oferece um espetáculo estranho e encantatório. Se, para Schopenhauer, o mundo segue o pesado caminho da vontade e de suas contradições, a música nos mostra "o mundo inteiro novamente, mas sem corpo"[30]. Nela, a vontade aparece como "puro jogo", como "inteligibilidade imediata"[31].

Retomando uma analogia que lhe é cara, Schopenhauer afirma que a música – como a natureza – exibe todos os graus de objetivação da vontade: "o mineral, o vegetal, o animal e o homem são representados respectivamente pelo baixo, pelo tenor, pelo contralto e pelo soprano"[32]. Entre o baixo "que representa a matéria inanimada" e a melodia do soprano "que representa o jogo da Vontade racional", vemos, quer dizer, escutamos se desenrolar o espetáculo da vida em todos os seus estados.

Atento aos modos maior e menor, Schopenhauer fala da "dor extrema"[33] traduzida por um adágio em tom menor e da alegria expressa por "uma melodia de movimentos rápidos"[34]. A

---

[29] Cf. SAFRANSKI, Rüdiger, op. cit., p. 299.
[30] Idem, ibidem.
[31] **MVR**, III, §52, tr. fr., p. 328. – (SW, I, p. 358).
[32] ELIE, Maurice. **Les voies de la libération selon Schopenhauer**. "Diplôme d'études supérieures de philosophie", p. 80.
[33] **MVR**, III, §52, tr. fr., p. 333. – (SW, I, p. 364).
[34] Idem. – (SW, I. p. 363).

música, síntese do desejo humano, "exprime da vida e de seus acontecimentos somente a quintessência"[35]. Ela não descreve, reproduz o essencial e esta é a razão pela qual "a imaginação é tão facilmente despertada pela música"[36].

Apresentando a alma do mundo "sem o corpo"[37], a música fornece a sua própria resposta para a grande questão existencial: o que é a vida? Uma resposta "mais profunda que todas as outras, pois, em uma língua imediatamente inteligível, embora introduzível na linguagem da razão, ela [a música] exprime a essência íntima de toda vida e de toda existência"[38]. Eis por que Schopenhauer chama a música "um exercício de metafísica inconsciente"[39].

Pela música experimentamos "esta alegria profunda que nos emociona até o fundo de nosso ser"[40]. Clément Rosset observa "a contradição profunda entre sua teoria da música e o conjunto do sistema pessimista"[41]. Se a música "designa a essência do mundo e da vontade" e "engendra prazer violento"[42], ela não pode convidar à resignação como vimos no caso da tragédia. Schopenhauer, que rejeita as manifestações dolorosas da vontade no mundo, extasia-se com o prazer musical. Ele experimenta uma satisfação estética nesse mundo à parte, nesta "língua do sentimento e da paixão"[43].

A filosofia schopenhaueriana da música, que apresenta "a coisa-em-si efetivamente a cantar"[44], revela um pessimista que se submete ao poder efêmero da consolação pelo som.

---

[35] Idem, ibidem, p. 334. – (SW, I, p. 365).

[36] Idem, ibidem.

[37] Idem, ibidem, p. 335. – (SW, I, p. 366).

[38] Cf. **MVR**, capítulo XXXIV dos suplementos ao livro III, intitulado **Da essência íntima da arte**, tr. fr., pp. 1138-1139. – (SW, II, p. 522).

[39] **MVR**, III, §52, tr. fr., p. 338. – (SW, I, p. 369).

[40] Idem, ibidem, p. 327. – (SW, I, p. 357).

[41] ROSSET, Clément, **L'Esthétique de Schopenhauer**, p. 112.

[42] Idem, ibidem, p. 111.

[43] **MVR**, III, §52, tr. fr., p. 332. – (SW, I, p. 362).

[44] SAFRANSKI, op. cit., p. 299.

Na história da Estética, o privilégio da música sobre as outras artes – concebido pela filosofia schopenhaueriana da música – tem uma conseqüência notável. É a partir desta concepção que Richard Wagner elaborará, em sua obra teórica e dramática, a "teoria da obra de arte integral" (*das Gesamtkunstwerk*) da qual Nietzsche fará, em 1872, o comentário filosófico em **O nascimento da tragédia**.

5. *O homem de gênio*

Se a idéia de contemplação é a intuição maior da estética schopenhaueriana, a noção de **homem de gênio** constitui a sua condição antropológica fundamental.

Antes de Nietzsche, Schopenhauer desenvolveu uma impressionante "hierarquia dos espíritos" em **Parerga und Paralipomena**, §333. Nesse texto ele estabelece uma classificação dos tipos na medida em que são "mais ou menos emancipados do querer-viver"[45]: o **selvagem** vive uma vida animal, o **proletário** uma vida submetida às necessidades diárias e ao mais imediato querer, o **comerciante** está preso às especulações que visam a preservação a longo prazo, o **cientista**, tipo mais livre, estuda o passado inteiro e o curso durável do universo. Só o **artista** e o **filósofo** "permanecem assombrados diante da própria existência, essa grande esfinge [...]"[46].

Schopenhauer, ao contrário de Platão, não opõe o artista ao filósofo[47], e concebe uma **missão metafísica** para esses dois tipos superiores: estar "diante da própria existência" ou, como diz Charles Andler, "estar na presença do eterno"[48].

---

[45] Cf. ANDLER, Charles, **Nietzsche, sa vie et sa pensée**, Tomo I, p. 94.
[46] Cf. SCHOPENHAUER, Arthur, P. volume II, tr. ing., p. 596. – (SW, V, p. 699).
[47] Um dos traços maiores da estética platônica é a oposição entre arte e filosofia. Há uma "antiga rivalidade entre a filosofia e a poesia". (**República**, X, 607b). As artes da imitação, como a **pintura** e a **poesia**, dependem da falsidade e do erro, e são indignas da Cidade ideal, daí a famosa expulsão dos artistas da República (cf. Livros II, III, X da **República**). Em um mito do **Fedro** (248 d-e), Platão estabelece uma hierarquia das existências humanas em função de seu maior ou menor grau de perfeição. O artista ocupa o sexto lugar, muito próximo do sofista e do tirano.
[48] Cf. ANDLER, Charles, op. cit., p. 94.

O conceito de gênio, exposto por Schopenhauer no §36 do **Mundo**, está na origem dessa "hierarquia dos espíritos" de **Parerga und Paralipomena**. O **gênio**, segundo Schopenhauer, se opõe ao **homem ordinário**, escravo da Vontade, "que não perde o seu tempo contemplando a vida por ela mesma"[49] e que "busca um conceito como o preguiçoso busca uma cadeira"[50].

O gênio tem uma "hipertrofia da faculdade de conhecer" e, graças a ela, "se detém para contemplar a vida por ela mesma". O conhecimento, nele, não está submetido à Vontade. Possuidor de um conhecimento intuitivo, ele é uma "anomalia"[51] que dá à humanidade as suas obras imortais.

Schopenhauer considera que o traço característico do gênio é "a capacidade de ver no particular sempre o geral"[52]. Olhando o mundo em sua pura objetividade, só ele o vê enquanto **Idéia**, só ele – o oposto absoluto do animal que "vive sem reflexão" – se coloca diante do mundo como puro intelecto[53].

Essa condição especial do **gênio**, sua faculdade singular, o situa como "um intelecto tornado infiel à sua missão", de onde podemos deduzir que a obra de arte, obra do gênio, é – segundo Schopenhauer – uma obra desta "faculdade contra a natureza"[54] que habita o homem de gênio.

Schopenhauer aproxima o gênio da infância (reflexão constante em sua obra até **Aforismos para a sabedoria na vida**). A criança, que tem "mais disposição e aptidão do que os adul-

---

[49] Cf. **MVR**, III, §36, tr.fr., p. 242. – (SW, I, p. 269).

[50] Idem, ibidem. – (SW, I, p. 268).

[51] Cf. Capítulo XXXI dos suplementos ao livro III do **Mundo**, intitulado **Do gênio**, op. cit., tr. fr., p. 1105.

[52] Idem, ibidem, p. 1108. – (SW, II, p. 489).

[53] As origens filosóficas da concepção schopenhaueriana do gênio podem ser localizadas na obra do romântico alemão Jean-Paul Richter intitulada *Vorschule zur Aesthetik* (Curso preparatório de estética) e nas idéias de Denis Diderot sobre as diferenças entre o **talento** e o **gênio** expostas no ensaio **Du Génie**, publicado no volume V da Enciclopédia. A posição de Schopenhauer concernente à relação entre gênio e loucura é muito importante. Para ele, o gênio está mais próximo da demência do que a mente ordinária, e o demente está mais próximo do gênio do que do animal. Cf. HÜBSCHER, Arthur, **Denker gegen den strom**, capítulo IV, pp. 84 à 107.

[54] Cf. Capítulo XXXI dos suplementos ao livro III do **Mundo**, tr. fr., p. 1116. – (SW, II, p. 498).

tos para toda ocupação teórica"[55], marca o momento da vida humana "em que a existência reside mais no conhecer do que no querer"[56].

Schopenhauer considera a aptidão para contemplar como o sinal mais evidente da superioridade do gênio sobre os outros homens. Ora, se a arte é a contemplação das *coisas sub aeternitatis specie*, o gênio é a condição fundamental do advento da arte.

A teoria schopenhaueriana do gênio supõe um afastamento absoluto entre o contemplativo e o homem ordinário. Ela dá à atividade do artista uma dimensão que transcende o momento presente e concebe a **eternidade** como a verdadeira sede da criação. A característica fundamental que Schopenhauer atribui ao gênio é a capacidade reflexiva ("a essência do gênio é a reflexão", dizia Jean-Paul Richter).

Com essa visão da superioridade reflexiva atribuída ao gênio, Schopenhauer elaborou uma hierarquia humana em que a contemplação ultrapassa a ação, e em que o intelecto pode, por instantes, afastar-se da vontade. Essa **imagem superior do homem** segundo Schopenhauer nos esclarece sobre um ponto importante: o homem, escravo da Vontade e de suas paixões, pode libertar-se, por alguns instantes – sem ser necessariamente um santo ou um asceta – através da **contemplação estética**.

Esse momento, uma alegria da sublimação segundo Schopenhauer, faz do homem um ser que foge, às vezes, de seu destino humano; uma frágil escapatória é o que o pessimismo de Schopenhauer nos oferece em sua etapa estética.

6. *A arte como calmante*

A arte, em Schopenhauer, tem portanto uma função ascética e redentora. Ela arranca o objeto contemplado do domínio fugidio dos fenômenos e o instala como representante da totalidade do mundo na esfera da contemplação. Se, na atividade do

---

[55] Idem, ibidem, p. 1125. – (SW, II, p. 508).

[56] Idem. ibidem – (SW. II, p. 509).

conhecimento, o que importa são as relações entre as coisas – o **princípio de razão** –, na arte o tempo é congelado. A mítica roda de Ixião, que exprime a idéia de eterna repetição, se detém por um momento.[57] E nesse frágil instante o mundo surge como **Idéia**, como espetáculo oferecido à contemplação.

A visão ascética, que concebe a experiência estética como a da afetividade posta entre parênteses, faz da arte uma **via de salvação**. O pessimista que, no livro II do **Mundo**, pintou os horrores de uma vontade cega e sem finalidade, vê a arte como "um calmante que age sobre a vontade cega e eterna, que é sofrimento e dilaceração perpétuos"[58]. E bem mais, imagina uma **via de conhecimento** (a contemplação estética) que poderia ter acesso ao "âmago do mundo". Daí o lugar privilegiado da arte no sistema schopenhaueriano.

Veremos, agora, como Nietzsche também celebra o caráter potente da arte, dirigindo-o entretanto para uma afirmação da vida terrestre e efêmera.

II. ARTE E JUBILAÇÃO EM NIETZSCHE

A relação de Nietzsche com a arte tem uma importância considerável em sua obra. Poeta, músico, grande prosador, Nietzsche tem uma experiência prática do fenômeno artístico e se dedica a uma reflexão estética aguda que percorre todos os períodos de sua obra e de sua vida. Sua amizade com Richard Wagner, a própria influência das idéias estéticas de Schopenhauer fizeram de Nietzsche um penetrante comentador do fenômeno da arte e também um teórico da estética original e profundo.

Segundo R.J. Hollingdale[59] podemos distinguir, na estética de Nietzsche, três pontos de interesse principais:

---

[57] Cf **MVR**, III, §38.
[58] Cf. SHERRINGHAM. Mar. op. cit., p. 244.
[59] Cf. HOLLINGDALE, R.J. – **Nietzsche**. "Routledge Author Guides", p. 151.

1º) Sua tentativa de saber por que a beleza é superior à feiúra.
2º) Sua resposta, muito pessoal, ao problema da função da arte.
3º) Suas pesquisas, indissociáveis da essência de sua filosofia, sobre a natureza da tragédia.

1. *Beleza e feiúra*

A questão do contraste entre a beleza e a feiúra aparece, na obra nietzschiana, ligada a sua visão **vitalista** do fenômeno estético. Em **Crepúsculo dos ídolos** (1888), §20, Nietzsche afirma:

"o que é feio enfraquece e perturba o homem. Isso lhe lembra a decadência, o perigo, a impotência; e, de fato, aí ele perde a sua força. Poderíamos medir no dinamômetro os efeitos da feiúra. Cada vez que o homem está abatido ele sente a aproximação de algo de feio"[60].

Essa reflexão, que liga a feiúra ao esgotamento físico ou psicológico, demonstra que Nietzsche associa a beleza à plenitude vital e à perfeição do ser. O conceito de beleza não pode ser um conceito em-si, um ideal, um belo-em-si como na estética platônica. "No belo, o homem se toma por medida e critério da perfeição."[61] A arte é o gozo do homem com a sua própria perfeição. A idéia de um reconhecimento do caráter **pleno** e alegre da existência percorre a noção de beleza enquanto prazer com a perfeição do que é. Toda arte é afirmação, toda beleza é referência à perfeição humana.

Mas essa **beleza jubilosa** tem uma origem muito relativa; ela não tem uma origem transcendente:

"O homem pensa que o mundo está cheio de beleza [...] ele esquece que ele é a causa primeira dessa beleza. É ele, e somente ele, quem conferiu ao mundo a sua beleza"[62].

---

[60] Cf. NIETZSCHE, Friedrich. Cl. tr. fr., pp. 119-120. – (KSA, VI, p. 124).
[61] Idem. – (KSA, VI, p. 123).
[62] Idem, ibidem. – (KSA, VI, p. 123).

Sentir o mundo como fenômeno estético é humanizá-lo, experimentar a potência criadora do olhar humano.

A feiúra exprime tudo o que conspira contra a vida, contra a plenitude **humana** da vida. Nós associamos, diz Nietzsche, a **beleza** à vida assim como a **feiúra** à morte.

A referência à questão da beleza e da feiúra também aparece em um fragmento póstumo dos anos 1887-1888:

"O belo se situa no interior da categoria geral dos valores biológicos do útil, do benfazejo e do que intensifica a vida"[63].

A visão estética vitalista que se tornará a **fisiologia da arte** de Nietzsche está toda inteira nessas páginas. A beleza e a feiúra são conceitos que acompanham o movimento de crescimento e de declínio da vida. Nietzsche não é um puro esteta, não é um puro adorador das belas formas. Ele vê na arte uma **função vital**. A beleza está, segundo ele, ligada ao instinto de autoconservação.

O fenomenista Nietzsche, para quem tudo é aparência, não admite uma estética abstrata, um sentido de beleza em-si, como encontramos, por exemplo, em Platão e na escolástica. Em **Nietzsche contra Wagner** (1888), ele dirá: "a estética não passa, na realidade, de uma fisiologia aplicada"[64].

A fórmula kantiana do **prazer desinteressado** que fornece o belo só é possível se fizermos abstração do papel do homem como criador do mundo estético. A arte se aproxima mais, diz Nietzsche, da definição de Stendhal: o belo como "uma promessa de felicidade".

Nietzsche estabelece uma relação estreita entre a beleza e o interesse vital. Como observa em **Genealogia da moral**, III, 6: "Para ele (Stendhal) é precisamente a **excitação da vontade** ("do interesse") a maneira de ser da beleza"[65].

Citando Stendhal, Nietzsche expõe a sua própria visão da beleza, interessada, submetida à vida, útil como "promessa" de

---

[63] **Fragmentos póstumos 1887-1888**, (270) 10 [167], op. cit., tr. fr., p. 188.
[64] **NW**. tr. fr., p. 349. – (KSA, VI, p. 418).
[65] Cf. **GM**. III. §6. tr. fr., ed. Gallimard, p. 296. – (KSA. V. p. 349).

uma reconciliação do homem com ele mesmo enquanto perfeição. A arte não possui, em Nietzsche, um caráter ascético; ela está – ao contrário – ligada aos interesses vitais.

2. *Arte e sofrimento*

As reflexões de Nietzsche sobre a natureza da tragédia grega, um gênero poético específico já estudado por Schopenhauer, nos colocam no âmago de sua atitude filosófica.

A análise da tragédia como espetáculo exaltante e tônico está no centro de sua visão jubilosa da arte e da existência. E é porque a tragédia grega **transfigura** a sua matéria sombria e dolorosa que o homem pode considerá-la um estimulante da vida através da aparência estética.

Nietzsche, em **O nascimento da tragédia** (1872), apresenta "dois mundos estéticos distintos"[66]: o **apolíneo** e o **dionisíaco**. Ele os chama "impulsos estéticos" da Natureza. **Apolo**, o deus da individuação, do sonho e da ilusão, representa o paradigma plástico na arte. **Dionísio**, o deus da embriaguez e das forças da Natureza, simboliza o gênero de arte não-plástico. Apolo cria a forma, Dionísio é aquilo a partir do qual a forma é criada. A dualidade do apolíneo e do dionisíaco rege, segundo Nietzsche, "o contínuo desenvolvimento da arte"[67].

Fazendo uma comparação entre os dois gêneros do poema antigo, o épico e o lírico, Nietzsche confronta Homero, "o tipo

---

[66] Cf. **NT**, tr. fr., p. 42 – (KSA, I, p. 26).

[67] Segundo Charles Andler, com essa dualidade entre o apolíneo e o dionisíaco Nietzsche concebe uma "nova psicologia do belo e do sublime". Os conceitos estéticos de **belo** e de **sublime**, presentes em seu contraste desde a estética inglesa do século XVIII, são relacionados aqui a "estados psicológicos". A beleza, objeto das artes plásticas (pintura, escultura ...), é o mundo apolíneo das imagens onde reina o **sonho**. A visão o sentido do individual é apolíneo. A noção de **sublime** é uma embriaguez que aparece, em Nietzsche, sob a forma do **dionisíaco**. Nietzsche denominou "dionisíacas" as artes não-plásticas (música, poesia lírica) que – segundo ele – deixam transparecer a vida criadora que anima o universo. Essa vida, feita de criação e de destruição contínuas, ele a encontrou na tragédia grega, o gênero de arte que é "a encarnação apolínea de cognições e efeitos dionisíacos". (**NT**, §8, Cf. tr. br. Jacó Guinsburg, p. 61). (Cf. ANDLER, Charles. **Nietzsche, sa vie et sa pensée**, II, pp. 25 a 35.)

do artista *naïf*, apolíneo"[68], com Arquíloco, "o artista dionisíaco". A poesia épica de Homero, com seus deuses olímpicos, se opõe à poesia lírica de Arquíloco, que exprime não uma subjetividade mas "o Uno-primordial, com sua dor e contradição"[69].

O espetáculo trágico, segundo Nietzsche, tem como centro o coro – "A tragédia surgiu do coro trágico"[70] – e esse coro é "o símbolo do conjunto da multidão dionisiacamente excitada"[71].

O que interessa a Nietzsche na tragédia grega é a maneira pela qual ela afirma a vida:

> "O Estado e a sociedade, sobretudo o abismo entre um homem e outro, dão lugar a um superpotente sentimento de unidade que reconduz ao coração da natureza. O consolo metafísico – com que, como já indiquei aqui, toda a verdadeira tragédia nos deixa – de que a vida, no fundo das coisas, apesar de toda a mudança das aparências fenomenais, é indestrutivelmente poderosa e cheia de alegria"[72].

Essa interpretação se opõe tanto à visão de Aristóteles da tragédia como uma purgação (*catharsis*) quanto à visão schopenhaueriana da tragédia como estimulante à resignação. Aliás, em um fragmento dos anos 1888-1889, intitulado **o que é o trágico**, Nietzsche precisa: as duas concepções (Aristóteles e Schopenhauer) contradizem "o efeito habitual da tragédia", e, mais ainda, o caráter geral da arte enquanto afirmação da vida[73].

Como a matéria prima da tragédia são os mitos, os terríveis mitos gregos, o prazer estético produzido por esse gênero de arte é semelhante – diz Nietzsche – ao prazer que temos com a dissonância musical. As coisas horríveis e dolorosas que o espectador contempla (a luta contra a fatalidade, a morte presen-

---

[68] Cf. **NT**, §5, tr. fr., p. 56. – (KSA, I, p. 42).

[69] Idem, §5, tr. fr., p. 57. – (KSA, I, p. 43).

[70] Idem, §7, tr. fr., p. 66. – (KSA, I, p. 52).

[71] Idem, §8, tr. fr., p. 75. – (KSA, I, p. 62).

[72] Idem, §7, tr. fr., p. 69. – (KSA, I, p. 56). Cf. tr. br. Jacó Guinsburg. In: **O nascimento da tragédia**, p. 55.

[73] Cf. Fragmentos póstumos 1888-1889, 15 [10], tr. fr., p. 178. – (KSA, XIII, pp. 409-410).

te a cada momento...) são agradáveis como uma dissonância na música:

> "O prazer que o mito trágico gera tem uma pátria idêntica à sensação prazerosa da dissonância na música. O dionisíaco, com o seu prazer primordial percebido inclusive na dor, é a matriz comum da música e do mito trágico"[74].

A tragédia grega, que "apresentava, na linguagem diretamente acessível da emoção, uma reflexão sobre o homem"[75], é uma ocasião para que o jovem Nietzsche produza a sua **visão trágica do homem**. A condição trágico-dionisíaca, que une o sofrimento à jubilação, conduz a uma visão paradoxal e potente: a vida, tal como é mostrada na tragédia, deve ser afirmada em seu caráter sofredor e efêmero. As últimas páginas de **Crepúsculo dos ídolos** reforçam essa visão **afirmativa** da tragédia antiga:

> "A psicologia do orgiasmo, concebido como um sentimento transbordante de vida e de força, no interior do qual a dor mesmo produz o efeito de um 'estimulante', deu-me a chave da noção de sentimento **trágico**, que não foi compreendida nem por Aristóteles, nem, em particular, por nossos pessimistas. A tragédia está tão longe de provar um pessimismo dos gregos no sentido de Schopenhauer, que deve ao contrário ser compreendida como uma refutação e um recurso contra essa teoria"[76].

Podemos observar que Nietzsche dá à arte, no caso à tragédia, uma missão muito elevada. Eis por que afirma em sua dedicatória à Richard Wagner em 1871: "Estou convencido de que a arte é a tarefa suprema e a atividade propriamente metafísica desta vida"[77].

---

[74] Cf. **NT**, §24, p. 153. Cf. tr. br., p. 141. – (KSA, I, p. 152).

[75] Cf. ROMILLY, Jacqueline. **La tragédie grecque**, p. 5.

[76] Cf. **CI**, Capítulo "o que devo aos Antigos", §5, tr. fr., p. 151. – (KSA, VI, p. 160).

[77] Cf. **NT**, tr. fr., p. 40. – (KSA, I, p. 24). Nietzsche fez essa dedicatória a Richard Wagner porque imaginava, naquele momento, um renascimento trágico, um remédio dionisíaco através da figura de Wagner. Ele pensava na música de Wagner, em seus dramas musicais em particular, como uma verdadeira ressurreição de uma arte antiga no horizonte da

Na tragédia grega, diz Nietzsche, vemos uma celebração da vida apesar de seu conflito interno. Contrariamente a Schopenhauer, que pensava a Vontade como uma força não-estética, aposta à representação que cria o mundo das formas, Nietzsche concebe uma visão da **vontade enquanto arte**. A redenção, a libertação vem, em Nietzsche, não de uma ascese que coloca a vontade entre parênteses, mas de uma força humana, de uma vontade que **salva pela aparência**. Eis por que Jacques Taminiaux diz:

"A contemplação, na visão de Nietzsche, é o meio pelo qual a vontade se redime a si mesma nas belas aparências"[78].

Se a própria Vontade é considerada **artista**, "é no próprio movimento do querer que há redenção e não por uma renúncia à Vontade"[79]. A arte, em Nietzsche, cria as condições para salvar e celebrar a vida. Mesmo que ele saiba, segundo a lição dos trágicos antigos, que "a vida é uma tensão que não pode ser superada"[80].

3. *Estéticas em conflito*

Podemos acompanhar, na obra nietzschiana, o conflito entre **arte pessimista** e **arte trágica**. Em outros termos, podemos sublinhar os textos em que Nietzsche critica explicitamente a estética de Schopenhauer.

Em **Humano, demasiado humano**, livro que pertence ao período de sua obra dito cético ou positivista, Nietzsche fala de uma filosofia que vê "o Evangelho absolutamente certo no olhar das madonas de Rafael"[81]. O nome de Schopenhauer não é

---

modernidade. Sabemos que Nietzsche considerará, mais tarde, Wagner e Schopenhauer como símbolos de uma estética pessimista e niilista.

[78] Cf. TAMINIAUX, Jacques. "Art and truth in Schopenhauer and Nietzsche". In: **Man and World**, 20. p. 95.

[79] Idem, ibidem.

[80] Idem, ibidem, p. 99.

[81] Cf. **HHI**, §131. tr. fr., p. 135. – (KSA, II, p. 124).

mencionado, mas o leitor atento sabe que Nietzsche se refere ao fim do livro IV do **Mundo**, onde Schopenhauer associa Rafael e Correggio ao "repouso profundo da alma, a essa serenidade inabalável"[82] devidos à negação da vontade.

O título do aforismo, **Seqüelas religiosas,** visa estabelecer um elo entre "estados de almas religiosos" e estados artísticos. A estética contemplativa de Schopenhauer não está distante. O alívio oferecido por uma *visão sub aeternitatis specie* é realmente um prazer, mas um prazer da liberação, um prazer **calmante**.

É na trilha do "estado de alma religioso" que Nietzsche se refere à estética schopenhaueriana em **Genealogia da moral** (1887). Na terceira dissertação, **Qual o sentido de todo ideal ascético,** §8, Nietzsche se opõe a Schopenhauer no que concerne à relação entre **sensualidade** e **condição estética**.

Sabemos que Schopenhauer concebe a consciência estética como sendo o momento em que o intelecto não serve mais à vontade. Ele considera a contemplação estética o contrário absoluto de uma vida dominada pela vontade, cujas sedes mais fortes são a sensualidade e a sexualidade. Nietzsche, provocante, afirma que "a sensualidade não seria suprimida a partir do instante em que se manifesta a condição estética [...] mas somente transfigurada de maneira a não mais aparecer na consciência como excitação sexual"[83].

Nietzsche se coloca a favor de uma "fisiologia da estética" e não de uma estética metafísica como a de Schopenhauer. A percepção estética, *aesthesis*, é sensação, sensualidade, sensibilidade. Há um elo entre a arte e a sensualidade.

No §25 do mesmo texto, Nietzsche fala da arte como "bem mais oposta ao ideal ascético do que a ciência"[84]. A arte, a atividade estética, se opõe ao ideal ascético – que rege toda visão pessimista do mundo – como um estimulante da vontade de potência. A arte vista como calmante sexual e atividade desin-

---

[82] Cf. **MVR**, IV, §71, tr. fr., p. 515. – (SW, I, p. 558). Ver também o fim do Livro III, §52, tr. fr., p. 342. – (SW, I, p. 372).

[83] Cf. **GM**, tr. fr., p. 160. – (KSA, V, p. 356).

[84] Idem, ibidem, p. 196. – (KSA, V, p. 402).

teressada é, aos olhos de Nietzsche, uma arte fraca, reativa e não trágica. "O empobrecimento da energia vital" comanda esse gênero de arte que nega a vida ou a vontade. Em **Crepúsculo dos ídolos**, Nietzsche diz:

> "Schopenhauer professava que a finalidade última da arte era a de libertar do querer, e o que ele respeitava na tragédia era a sua utilidade para 'dispor à resignação'. Mas isso – acho que já dei a entender – pertence à ótica pessimista e ao mau olho"[85].

A ótica estética do pessimismo vê na arte um momento de liberação do querer, mas Nietzsche vê na arte "o grande estimulante" da vida[86].

Nos fragmentos póstumos dos anos 1888-1889 um texto, **Pessimismo na arte**, resolve a questão:

> "O efeito das obras de arte é suscitar o estado no qual se cria a arte, a embriaguez [...]
>
> O essencial da arte permanece a sua realização existencial, que faz nascer a perfeição e a plenitude.
>
> A arte é essencialmente aprovação, bênção, divinização da existência [...] o que quer dizer uma **arte pessimista**?
>
> Não é uma *contradictio* – Sim. Não há arte pessimista [...] A arte diz sim [...]"[87].

Esse texto enérgico e claro mostra que, em Nietzsche, a visão da arte é dominada pela **idéia de criação**: "representar as coisas terríveis e problemáticas já é, em si, no artista, um instinto de potência e de soberania"[88]. A criação, a **mimesis** criadora, eis o lado potente da arte em Nietzsche.

---

[85] Cf. **CI**, IX, "Incursões de um extemporâneo", §24, tr. fr., p. 123. – (KSA, VI, p. 127).
[86] Idem, tr. fr., p. 122. – (KSA, VI, p. 127).
[87] Cf. **Fragmentos póstumos 1888-1889**, 14 [47], op. cit., tr. fr., p. 44 – (KSA, XIII, p. 241).
[88] Idem. – (KSA, XIII, p. 241).

4. *A imagem do artista*

Nietzsche possui uma concepção grandiosa e ampla do artista. O homem que cria obras de arte, o homem capaz de experimentar e de transmitir estados estéticos é, antes de tudo, segundo ele, um escultor de si-mesmo, que trabalha sobre si por meio de uma ascese que tem a particularidade de buscar a potência e a excelência na vida.

Textos muito diversos (e mesmo muito afastados) de sua obra revelam sua visão particular do artista. Em **Miscelânea de opiniões e sentenças** (1886), Nietzsche afirma:

"A arte deve sobretudo e antes de tudo **embelezar** a vida [...] A arte deve em seguida **dissimular** ou **reinterpretar** toda a feiúra". O homem que cria obras de arte, ele o faz porque "sente em si uma superabundância dessas virtudes de embelezamento, de ocultação e de reinterpretação"[89].

A gaia ciência, §85, fala do artista como aquele que "transfigura sem cessar [...] e principalmente todas as coisas, todas as situações que têm a reputação de dar ao homem o meio de se sentir bom ou grande, bêbado ou alegre, ou são e sábio"[90].

O artista, que é um homem de exceção, surge e é condicionado por "estados de exceção"[91]. Nietzsche fala sobretudo de dois estados fisiológicos: **a embriaguez e a extrema acuidade de certos sentidos**:

A embriaguez, em Nietzsche, significa "a íntima necessidade de fazer das coisas o reflexo de sua própria plenitude e de sua própria perfeição"[92]. A superabundância vital, o prazer de si-mesmo, a alegria de existir são as condições para a atividade artística.

---

[89] Cf. **OS**, §174, tr. fr., pp. 112-113. – (KSA, II, pp. 453-454).
[90] Cf. **GC**, §85, tr. fr., p. 113. – (KSA, III, p. 442).
[91] Cf. **Fragmentos póstumos 1888-1889**, 14 [170], tr. fr., pp. 134-135. – (KSA, XIII, pp. 356-357).
[92] Idem, ibidem, p. 134. – (KSA, XIII, p. 356).

A acuidade extrema, que "permite criar uma linguagem simbólica toda diferente"[93] (diversa da linguagem ordinária e pragmática), coloca o artista entre os seres móveis, nervosos, concentrados em sua força expressiva.

Mas essa vida à parte do artista supõe também, segundo Nietzsche, uma certa ascese: "uma maneira de ser surdo, de ser cego para tudo o que é exterior"[94], limite necessário à criação singular. E, antes de tudo, isso exige uma concepção tônica da arte, afastada do "escandaloso contra-senso de Schopenhauer, que considera a arte uma ponte em direção à negação da vida"[95].

5. *Clássico contra romântico*

Entre as diversas expressões utilizadas por Nietzsche para demonstrar sua rejeição ao pessimismo estético de Schopenhauer, há uma que corresponde a uma eterna querela estética: a noção de **clássico** em oposição à noção de **romântico**.

Essas duas expressões, esses dois conceitos estéticos aparecem, na obra nietzschiana, como **signos** de um combate contra Schopenhauer e a favor de uma certa estética de inspiração antiga.

Em **Miscelânea de opiniões e sentenças**, §99, encontramos o grande texto neoclássico de Nietzsche. Ele se refere à possibilidade de uma "alma grande e bela [...] no meio de nosso mundo e de nossa realidade moderna". O elogio a Goethe faz pensar em um adversário feroz dos "rangidos de dentes" caros ao romantismo.

A imagem de um **classicismo** ligado às virtudes antigas da medida e da "grandeza humana" faz uma aparição em **O andarilho e sua sombra**, §217, no aforismo intitulado **clássico e romântico**:

> "Os espíritos de tendência clássica assim como romântica (duas categorias que sempre existem ao mesmo tempo)

---

[93] Idem, ibidem. – (KSA, XIII, p. 356).

[94] Idem, ibidem. p. 135. – (KSA, XIII, p. 357).

[95] Idem, ibidem. p. 89. – (KSA, XIII, p. 298).

alimentam uma visão de futuro; mas os primeiros se apoiando em uma **força** de sua época, os últimos em sua **fraqueza**."

Mas o texto exemplar que põe em cena a oposição ao romantismo é o §370 de **A gaia ciência**, intitulado "O que é o romantismo". Nesse texto capital, Nietzsche identifica **romantismo** e **empobrecimento de vida**. Referindo-se nominalmente a Schopenhauer e a Wagner, ele esboça uma diferença nítida entre sua visão **dionisíaca** da arte e a arte **romântica**. Ele utiliza o termo **romantismo** em um sentido que ultrapassa bastante os limites históricos de um estilo de época ou artístico. O seu projeto é criar uma nova tipologia de artistas. A teoria romântica do gênio é substituída aqui por uma concepção que reduz a obra de arte ao desejo criador do artista. O texto diz:

> "O que é o romantismo? Toda arte e toda filosofia podem ser consideradas como meios ao mesmo tempo salutares e auxiliares da vida em crescimento, em luta: pressupõem sempre sofrimento e seres que sofrem. Mas existem duas categorias de sofredores, aqueles que sofrem de **superabundância de vida**, que desejam uma arte dionisíaca e que têm igualmente uma visão e uma compreensão trágicas da vida – e aqueles que sofrem de **empobrecimento de vida**, que buscam na arte e no conhecimento o repouso, o silêncio, o mar calmo, a libertação de si, ou, ao contrário, a embriaguez, a crispação, a estupefação, o delírio"[96].

Marc Sherringham analisou bem esse texto: Nietzsche faz entrar nesta segunda categoria de criadores "os dois instintos concebidos antes em **O nascimento da tragédia**, isto é, o sonho de Apolo e a embriaguez de Dionísio [...]". Mas esses dois instintos "designam agora a essência do **pessimismo romântico**"[97].

A noção da evasão romântica para um mundo ideal ou o arrebatamento extático dos excessos da sensibilidade representam – para Nietzsche – todo o contrário dessa aceitação alegre

---

[96] Cf. **GC**, §370, tr. fr., pp. 277-278. – (KSA, III, p. 620).
[97] Cf. SHERRINGHAM, Marc, p. 266.

que louva em sua visão trágica da vida. O pessimismo de Schopenhauer, o eterno contraditor da visão nietzschiana, aparece aqui marcado pelo adjetivo **romântico**. A esse pessimismo Nietzsche opõe o seu, "um pessimismo clássico"[98]. Mas, considerando esse termo muito desgastado, obtuso e tornado irreconhecível, ele utiliza um pretenso sinônimo: o pessimismo dionisíaco.

Nessa distinção entre **romântico** e **dionisíaco** pode-se perceber a opção estética de Nietzsche: ele chama **romântica** a arte que busca a libertação através de um ideal supraterrestre ou metafísico. A posição schopenhaueriana de uma arte que busca "viver a eternidade" neste mundo lhe parece próxima dessa imagem "romântica". A sua visão estética, ao contrário – como diz muito bem Danko Grlic –, "tende para uma afirmação saudável da vida terrestre"[99].

6. *Música e plenitude*

A estética afirmativa de Nietzsche, que tem a sua origem na noção da **arte trágica** como sendo capaz de exprimir a essência dolorosa da existência e aprová-la, reserva um lugar especial para a **música**.

Já em **O nascimento da tragédia** Nietzsche sublinhava que a essência da tragédia era **musical**: o **coro**. A sua amizade com Richard Wagner, a sua própria experiência de músico e de compositor, tudo isso contribuiu para fazer dele um filósofo atento à importância da música. "A vida sem música é apenas um erro, um trabalho fatigante, um exílio"[100], diz em uma carta a seu amigo músico Peter Gast.

A música, com sua potência jubilosa, aparece – aos olhos de Nietzsche – como "testemunha do mundo e de maneira alguma uma alternativa oferecida ao mundo como salvação"[101]. Ela não

---

[98] Cf. **GC**, §370, tr. fr., p. 279. – (KSA, III, p. 622).

[99] Cf. GRLIC, Danko, "L'antiesthéticisme de Friedrich Nietzsche". In: **Nietzsche – Cahiers de Royaumont**, p. 179.

[100] Cf. **Lettres à Peter Gast**, p. 501 e **CI**, capítulo I, aforismo 33. – (KSA, VI, p. 64).

[101] Cf. ROSSET, Clément, **La Force majeure**, p. 51.

é nem escapatória, nem evasão, nem mergulho em um "outro mundo". É a expressão sonora do **sentimento de plenitude** que Nietzsche associa a toda arte chamada **dionisíaca** ou **clássica**[102].

Schopenhauer concebeu a música como a aparição do mundo, novamente, mas sem corpo; como uma presença paralela às Idéias eternas. Nietzsche a relaciona sempre a uma experiência de "pura adesão à existência"[103]. Música e afirmação da vida, segundo ele, estão unidas.

Mais psicólogo e menos metafísico, Nietzsche se interessa pelo aspecto de **experiência imediata** que a música fornece: "com relação à música toda comunicação por palavras é desavergonhada"[104]. A audição e a composição musicais são, para ele, uma ocasião de alcançar uma **comunhão** com o vivido que a linguagem não traduz, já que "nossas verdadeiras experiências capitais são tudo, salvo loquazes"[105].

Experiência mais ampla do que a comunicação pelas palavras, a experiência musical é também "o momento da mais intensa jubilação vital"[106]. A visão trágica da existência encontra na música um gênero de arte que corresponde a seu objetivo principal: celebrar a vida mesmo na dor. Como "a arte não poderia ser outra coisa senão uma afirmação do mundo"[107], mesmo a música aparentemente melancólica ou triste é, no fundo, uma celebração da vida, já que é **criação** e **expressão**.

O exemplo que Nietzsche dá, um dos mais belos, é o de Chopin. O compositor, sempre considerado um melancólico, é julgado "feliz até na infelicidade"[108]. A sua famosa **Barcarola** exprime uma tal felicidade "que ao escutá-la até os deuses

---

[102] Cf. **GC**, §370.

[103] Cf. ROSSET, Clément, op. cit., p. 44.

[104] Cf. NIETZSCHE, Friedrich, **Fragmentos póstumos 1887-1888**, 10 [60], tr. fr., p. 140. – (KSA, XII, p. 493).

[105] Cf. **CI**, IX, "Incursões de um extemporâneo", §26, tr. fr., p. 123. – (KSA, VI, p. 128).

[106] Cf. ROSSET, Clément, op. cit., p. 53.

[107] Cf. NIETZSCHE, Friedrich, **Fragmentos póstumos 1884-1885**, 40 [60], tr. fr., p. 397. – (KSA, XI, p. 661).

[108] Cf. ROSSET, Clément, op. cit., p. 48.

poderiam ter vontade de passar longas noites de verão estirados em uma barca"[109].

A noção de uma sabedoria trágica da existência, apoiada em uma adoração perpétua da vida, encontra na música a sua expressão estética ideal. A música exprime "a vida fluida e contínua da alma"[110] e o prazer que experimentamos diante de suas metamorfoses sonoras seria, no fundo, o eterno prazer que sentimos diante das metamorfoses da existência.

---

[109] Cf. **AS**, §160, tr. fr., p. 310. – (KSA. II, p. 619).

[110] Cf. ANDLER. Charles. **Nietzsche, sa vie et sa pensée**. Tomo I, p. 78.

CONCLUSÃO

O sistema schopenhaueriano considera a Vontade a essência única do mundo e do homem. Ele a concebe como uma força obscura e inconsciente que limita e comanda tudo o que existe.
Nessa visão pessimista, a única consolação é a liberação temporária pela contemplação estética e sobretudo a libertação definitiva pela renúncia ao jugo da vontade cega. O pessimismo de Schopenhauer, descrevendo um mundo absurdo e repetitivo, busca como remédio para ele uma existência sem dor, sem tempo, sem movimento: **a negação da vontade**.
Nietzsche, por sua vez, também considera a infelicidade humana, o fundo **dionisíaco** da existência, mas oferece ao homem uma sabedoria diferente: a possibilidade de uma afirmação da vida no tempo, no efêmero. Ele exalta a **alegria de viver** no tempo – experimentada pelo indivíduo exposto à dor – como sendo a maior força e sabedoria de um **saber trágico** da existência.
Filósofos da vontade, um concebeu-a como desejo de viver (*Wille zum Leben*), o outro lhe opôs uma força expansiva e plástica (*Wille zur Macht*).
A imagem do homem segundo Schopenhauer e segundo Nietzsche pode ser definida de maneira dupla: **o homem em geral** é o homem utilitário, submetido à vontade repetitiva (Schopenhauer), ou o simples "animal inteligente" (Nietzsche), que conhece o mundo através de seus instrumentos pragmáticos (o intelecto e os conceitos). Mas o homem também pode responder à questão fundamental do **valor** da existência: **negativamente** segundo Schopenhauer, buscando uma saída ascética para o problema da dor ou contemplando por instantes o mundo

como Idéia eterna; **positivamente** segundo Nietzsche, julgando que o imperfeito e o efêmero devem ser amados e queridos com uma alegria serena.

As duas visões (pessimista e trágica) nos apresentam uma concepção **hierárquica** do homem. O homem schopenhaueriano atinge um grau mais elevado quando se aproxima do **gênio**, da atitude contemplativa e quando alcança a figura ideal do **santo** ou do **asceta**. O homem nietzschiano quando se define por uma alegre aceitação da existência e de suas dores; ele se molda, assim, pela figura de Dionísio, tornando-se "nobre" ou "aristocrata".

A arte, essa potência humana da aparência, surge – nos dois filósofos – como um verdadeiro **espelho** de suas visões do homem e da existência. A estética schopenhaueriana é um elogio da **contemplação**, da redenção pelo estado particular que nos permite **fugir do mundo**. A estética nietzschiana, que faz o elogio das aparências, concebe uma arte capaz de reconciliar o homem com a existência. Nietzsche a denomina arte **afirmativa** ou **dionisíaca**.

Essas duas visões, que parecem às vezes irreconciliáveis, nos mostram uma imagem do homem e da existência desprovida de ilusões. Schopenhauer e Nietzsche apresentam o homem como incapaz de uma felicidade durável. O pessimismo de Schopenhauer julga a negação que leva ao nada como a mais elevada missão humana. A filosofia de Nietzsche considera o Dionisismo como a doutrina capaz de transfigurar a miséria da existência.

São, no fundo, dois tipos de heroísmo, um ascético, o outro exaltante. Georg Simmel, o ensaísta alemão que escreveu o primeiro grande livro sobre a relação entre Schopenhauer e Nietzsche, observa bem:

> "o próprio processo vital, essa misteriosa forma na qual os elementos cósmicos aparecem, exerceu uma influência evidentemente irresistível e embriagante sobre Nietzsche"[1].

---

[1] SIMMEL, Georg. **Schopenhauer and Nietzsche**. p. 180.

Schopenhauer, por outro lado, tinha um verdadeiro horror desse processo mutável e doloroso que constitui a vida.

A **visão pessimista** de Schopenhauer se revela uma busca orgulhosa de uma libertação absoluta, e a **visão trágica** de Nietzsche, mais modesta, se resigna a celebrar os encantos desta existência aqui, efêmera e fugidia.

BIBLIOGRAFIA

OBRAS DE SCHOPENHAUER

Arthur Schopenhauer Sämtliche Werke. Editadas e comentadas criticamente por *Wolfgang Frhr. von Löhneysen*. Stuttgart/Frankfurt am Main: Cotta-Insel, 1960-1965. 5 vols. As referências a essa edição são indicadas pelas iniciais **SW**, seguidas do número do volume (em algarismo romano) e da página (em arábico).

De la quadruple racine du principe de raison suffisante (*Ueber die vierfache Wurzel des Satzes vom zureichenden Grunde*). Tr. J. Gibelin. Paris: Vrin, 1983.

Le Monde comme volonté et comme représentation (*Die Welt Als Wille und Vorstellung*). Tr. A. Burdeau. Nova edição revista e corrigida por Richard Roos. Paris: PUF, 1966.

Essai sur le libre arbitre (*Ueber die Freiheit des menschlichen Willens*). Tr. Salomon Reinach. Paris: Éditions d'Aujourd'hui, 1976.

Le Fondement de la morale (*Ueber die Grundlage der Moral*). Tr. A. Burdeau. Paris: Aubier, 1978.

Parerga and Paralipomena. Tr. E.F.J. Payne. London/Oxford: Clarendon Press, 1974. 2 vols.

Le Sens du destin (extrato dos **Parerga und Paralipomena**). Tr. Marie-José Pernin-Segissement. Paris: Vrin, 1988.

Aphorismes sur la sagesse dans la vie. Tr. J.A. Cantacuzène. Ed. revista e corrigida por Richard Roos. Coleção "Quadrige". Paris: PUF, 1983.

Sobre o fundamento da moral. Tr. Maria Lúcia Cacciola. São Paulo: Martins Fontes, 1995.

Aforismos para a sabedoria na vida. Tr. Genésio de Almeida Moura. São Paulo: Melhoramentos, 1953.

OBRAS DE NIETZSCHE

Friedrich Nietzsche: Sämtliche Werke, Kritische Studienausgabe. Org. Giorgio Colli e Mazzino Montinari. München: Deutscher Taschenbuch Verlag; Berlin/New York: Walter de Gruyter, 1967-77. 15 vols. As referências a essa edição são indicadas pelas iniciais **KSA**, seguidas do número do volume (em algarismo romano) e da página (em arábico).

La naissance de la tragédie – fragments posthumes automne 1869 – printemps 1872. Tr. Michel Haar, Philippe Lacoue-Labarthe e Jean-Luc Nancy. "Oeuvres Philosophiques Complètes I". Paris: Gallimard, 1977.

La naissance de la philosophie à l'époque de la tragédie grecque. Tr. Geneviève Bianquis. Paris: Idées-Gallimard, 1938.

"Introduction théorétique sur la vérité et le mensonge au sens extra-moral". In: **Le livre du philosophe – *Das Philosophenbuch*.** Tr. Angèle K. Marietti. Paris: Aubier-Flammarion, 1969. (Edição bilíngüe.)

Considérations intempestives – *Unzeitgemässe Betrachtungen III-V*. Tr. Geneviève Bianquis. Paris: Aubier-Montaigne, 1976. (Coleção bilíngüe dos clássicos alemães.)

Humain trop humain, texto estabelecido por G. Colli e M. Montinari. Tr. Robert Rovini. Paris: Idées/Gallimard, 1981. 2 vols. Inclui **Miscelânea de opiniões e sentenças** e **O andarilho e sua sombra**.

Aurore – fragments posthumes début 1880 – printemps 1881. "Oeuvres Philosophiques Complètes IV". Tr. Julien Hervier. Paris: Gallimard, 1980.

Le gai savoir – fragments posthumes été 1881-été 1882. "Oeuvres Philosophiques Complètes V". Tr. Pierre Klossowski. Paris: Gallimard, 1982.

Ainsi Parlait Zarathoustra –*Also Sprach Zarathustra*. Tr. Geneviève Bianquis. Paris: Aubier-Flammarion, 1969. 2 vols. (Edição bilíngüe.)

Par-delà bien et mal/La généalogie de la morale. "Oeuvres Philosophiques Complètes VII". Tr. Cornelius Heim, Isabelle Hildenbrand e Jean Gratien. Paris: Gallimard, 1971.

La généalogie de la morale Tr. Henri Albert. "Les Intégrales de Philo 6". Paris: Editions Fernand Nathan, 1981.

Le cas Wagner, Crépuscule des idoles, L'Antéchrist, *Ecce Homo*, Nietzsche contre Wagner. "Oeuvres Philosophiques Complètes VIII". Tr. Jean-Claude Hémery. Paris: Gallimard, 1974.

Fragments posthumes automne 1884 – automne 1885. "Oeuvres Philosophiques Complètes XI". Tr. Michel Haar e Marc B. de Launay. Paris: Gallimard, 1982.

Fragments posthumes automne 1885 – automne 1887. "Oeuvres Philosophiques Complètes XII". Tr. Julien Hervier. Paris: Gallimard, 1978.

Fragments posthumes automne 1887 – Mars 1888. "Oeuvres Philosophiques Complètes XIII". Tr. Pierre Klossowski. Paris: Gallimard, 1978.

Fragments posthumes début 1888 – début Janvier 1889. "Oeuvres Philosophiques Complètes XIV". Tr. Jean-Claude Hémery. Paris: Gallimard, 1977.

Lettres à Peter Gast. Tr. Louise Servicen. Paris: Christian Bourgois Éditeur, 1981.

O nascimento da tragédia. Tr. Jacó Guinsburg. São Paulo: Companhia das Letras, 1992.

A gaia ciência. Tr. Márcio Puglesi, Edson Bini e Norberto de Paula Lima. São Paulo: Hemus, 1976.

Além do bem e do mal. Tr. Paulo César de Souza. São Paulo: Companhia das Letras, 1992.

Nietzsche. Obras incompletas. Os Pensadores XXXII. Tr. Rubens Rodrigues Torres Filho. São Paulo: Abril Cultural, 1974.

SOBRE SCHOPENHAUER

BRÉHIER, Émile. "L'unique pensée de Schopenhauer". In: **Études de Philosophie Moderne**. Paris. PUF, 1965, pp. 101-110.

BRUNETIÈRE, Ferdinand. "La philosophie de Schopenhauer". In: **Revue des Deux Mondes**. Paris, 1er Octobre 1886, pp. 694-706.

BRUNETIÈRE, Ferdinand. "Schopenhauer et les conséquences du pessimisme". In: **Revue des Deux Mondes**, 1er Novembre 1890, pp. 210-221.

CHALLEMEL-LACOUR, Paul-Armand. "Un Bouddhiste contemporain en Allemagne". In: **Revue des Deux Mondes**, 15 Mars 1870, pp. 296-332.

COLIN, René-Pierre. **Schopenhauer en France: un mythe naturaliste**. Lyon: Presses Universitaires de Lyon, 1979.

ELIE, Maurice. "Les voies de la libération selon Schopenhauer". **Diplôme d'Études Supérieures de Philosophie**. Université de Nice, 1967.

GOYARD-FABRE, Simone. "Droit naturelle et loi civile dans la philosophie de Schopenhauer". In: **Les Études Philosophiques**, nº 4, 1977.

HENRY, Anne. **Schopenhauer et la création littéraire en Europe**. Paris: ed. Klincksieck, 1989.

HÜBSCHER, Arthur. **Denker gegen den Strom**. Bonn: ed. Bouvier, 1987.

LANDMANN, Michael. "Das Menschenbild bei Schopenhauer". In: **Zeitschrift für Philosophische Forschung**, 14, 1960, pp. 390-400.

MAGEE, Bryan. **The Philosophy of Schopenhauer**. Oxford: Clarendon Press, 1983.

NAVIA, Luis Eduardo. "Reflections on Schopenhauer's pessimism". In: **The Journal of Critical Analysis**, vol. 3, no. 3, October 1971, pp. 136-147.

PERNIN, Marie-José. "Une entreprise qui ne couvre pas ses frais". In: **Présences de Schopenhauer**. Paris: Grasset, 1989.

PHILONENKO, Alexis. **Schopenhauer: une philosophie de la tragédie**. Paris: Vrin, 1980.

RAYMOND, Didier. **Schopenhauer**. Paris: Editions du Seuil, 1979.

RENOUVIER, Charles. "Schopenhauer et la métaphysique du pessimisme". In: **L'Année philosophique**, III, 1893, pp. 1-61.

RIBOT, Théodule. **La philosophie de Schopenhauer**. Paris: Félix Alcan, 1895.

ROOS, Richard. "Introduction". In: **Le monde comme volonté et comme représentation**. Paris: PUF, 1966, pp. VII – XX.

ROSSET, Clément. **Schopenhauer, philosophe de l'absurde**. Paris: PUF, 1967.

ROSSET, Clément. **Schopenhauer**. Paris: PUF, 1968.

ROSSET, Clément. **L'esthétique de Schopenhauer.** ("Initiation Philosophique"). Paris: PUF, 1969.

SAFRANSKI, Rüdiger. **Schopenhauer et les années folles de la philosophie**. Tr. fr. do original alemão **Schopenhauer und die wilden Jahre der Philosophie**). Paris: PUF, 1990.

SANS, Édouard. **Schopenhauer**. Paris: PUF, 1990.

YOUNG, Julian. **Willing and Unwilling: a study in the philosophy of Arthur Schopenhauer**. Dordrecht: Martinus Nijhoff Publishers, 1987.

SOBRE NIETZSCHE

ANDLER, Charles. **Nietzsche, sa vie et sa pensée**. Paris: Gallimard, 1958. 3 vols.

BIRAULT, Henri. "De la béatitude chez Nietzsche". In: **Nietzsche: cahiers de Royaumont**. Paris: Minuit, 1967.

BLONDEL, Éric. **Nietzsche, le corps et la culture**. Paris: PUF, 1986.

BRUM, José Thomaz. **As artes do intelecto**. Coleção Universidade Livre. Porto Alegre: LP&M, 1986.

COLLI, Giorgio. **Après Nietzsche**. Paris: Editions de l'Eclat, 1987.

CONCHE, Marcel. "Nietzsche et le bouddhisme". In: **Le Cahier no. 4 du CIPH**. Paris: Osiris, 1987.

DUVAL, Raymond. "Le point de départ de la pensée de Nietzsche: Nietzsche et le platonisme". In: **Revue des Sciences Philosophiques et Théologiques**, T. LIII, nº 4, Octobre 1969.

FOUCAULT, Michel. "Nietzsche, Freud, Marx". In: **Nietzsche: cahiers de Royaumont**. Paris: Minuit, 1967.

GRLIC, Danko. "L'antiesthéticisme de Friedrich Nietzsche". In: **Nietzsche: cahiers de Royaumont**. Paris: Minuit, 1967.

HOLLINGDALE, R.J. **Nietzsche**. Routledge Author Guides. London: Routledge and Kegan Paul, 1973.

JANZ, Curt Paul. **Nietzsche Biographie**. Tomo I: **enfance, jeunesse, les années bâloises**. Paris: Gallimard, 1984.

KUNNAS, Tarmo. **Nietzsche ou l'esprit de contradiction**. Paris: Nouvelles Éditions Latines, 1980.

PHILONENKO, Alexis. **Nietzsche, le rire et le tragique**. Paris: Le Livre de Poche – Biblio-Essais, 1995.

RICHTER, Claire. **Nietzsche et les théories biologiques contemporaines**. Paris: Mercure de France, 1911.

ROSSET, Clément. **La force majeure**. Paris: ed. Minuit, 1983.

STERN, J.P. **A study of Nietzsche**. Cambridge: Cambridge University Press, 1979.

SOBRE A RELAÇÃO ENTRE SCHOPENHAUER E NIETZSCHE

COPLESTON, Frederick. "Schopenhauer and Nietzsche". In: FOX, Michael (ed.) **Schopenhauer, his philosophical achievement**. Brighton, Sussex: Harvester Press, 1980.

DECHER, Friedhelm. **Wille zum Leben-Wille zur Macht – eine Untersuchung zu Schopenhauer und Nietzsche**. Amsterdam: Rodopi, 1984.

DOLSON, Grace. "The influence of Schopenhauer upon Friedrich Nietzsche". In: **Philosophical Review** 10, 1901, pp. 241-250.

GAULTIER, Jules de. "Schopenhauer et Nietzsche". In: **Revue des Idées** 1, 1904.

GOEDERT, Georges. "Nietzsche und Schopenhauer". In: **Nietzsche – Studien**, 7, 1978, pp. 1-15.

HAAR, Michel. "La rupture initiale de Nietzsche avec Schopenhauer". In: **Schopenhauer et la force du pessimisme**. Mônaco: Éditions du Rocher, 1988.

SCHWARZ, Michael. "Nietzsche und Schopenhauer". In: **Archiv für Geschichte der Philosophie** 28, 1915, pp. 188-198.

SIMMEL, Georg. **Schopenhauer and Nietzsche**. Tr. Helmut Loiskande, Deena Weinstein e Michael Weinstein. Amherst: The University of Massachusetts Press, 1986.

TAMINIAUX, Jacques. "Art and truth in Schopenhauer and Nietzsche". In: **Man and world**, 20, Dordrecht: Martinus Nijhoff Publishers, 1987.

VAN DE WIELE, Jozef. "Schopenhauer et le volontarisme. Aux sources de Nietzsche". In: **Revue Philosophique de Louvain**, T.74, Agosto 1976.

OUTRAS

BORGES, Jorge Luis. **Antologia Poética 1923-1977**. Madrid: Alianza Editorial, 1981.

CIORAN, E. M. **Précis de décomposition**. Paris: Gallimard, 1949. Tr. br. José Thomaz Brum. **Breviário de decomposição**. Rio de Janeiro: Rocco, 1989.

CIORAN, E. M. **Syllogismes de l'amertume**. Paris: Gallimard, 1952. Tr. br. José Thomaz Brum. **Silogismos da amargura**. Rio de Janeiro: Rocco, 1991.

CIORAN, E. M. **Écartèlement**. Paris: Gallimard, 1979.

DE LA BARCA, Calderón. **La vida es sueño**. Madrid: Biblioteca EDAF de Bolsillo, 1981.

GOBINEAU, Arthur de. **Oeuvres**, vol. I. Paris: Gallimard – Bibliothèque de la Pléiade, 1983.

KANT, Emmanuel. **Anthropologie du point de vue pragmatique**. Tr. Michel Foucault. Paris: Vrin, 1979.

PASCAL, Blaise. **Pensées et opuscules**. Paris: Classiques-Hachette, s./d.

PASCAL, Blaise. Os Pensadores. Tr. Sérgio Milliet. São Paulo: Abril Cultural, 1979.

ROMILLY, Jacqueline de. **La tragédie grecque**. ("Quadrige"). Paris: PUF, 1990.

ROSSET, Clément. **La philosophie tragique**. Paris: PUF, 1960.

SHERRINGHAM, Marc. **Introduction à la philosophie esthétique**. Paris: Payot, 1992.

Este livro foi impresso na Editora JPA Ltda.,
Av. Brasil, 10.600 – Rio de Janeiro – RJ,
para a Editora Rocco Ltda.